ユーロ不安とアベノミクスの限界

駒澤大学
経済学部教授 代田 純
Jun Shirota

税務経理協会

まえがき

　本書は，ユーロの「小康」状態，およびアベノミクスの「成功」に関する警告の書である。2013年々末に，米連邦準備（FRB）がQE縮小に踏み込んだため，新興国の動揺が懸念されている。しかし，ユーロやアベノミクスも，FRBのQE縮小と密接であり，FRBの政策が円滑に進まないと，混乱する可能性がある。アベノミクスの「成功」は，円安によって支えられており，新興国の動揺やユーロ不安等で円高に振れると，失速するリスクがある。

　本書の前半では，ユーロ不安について検討している。ユーロの問題点としては，以下の諸点を指摘できる。第一に，ドイツに関しては，巨額の貿易黒字を生み出しているが，ユーロ圏との決済が完了していない。一般に，TargetⅡ残高として知られる問題であるが，ドイツ連銀がユーロシステム経由で，南欧諸国の中央銀行へ貸出を累積させている。この貸出残高はユーロ危機時には8,000億ユーロ近くまで積み上がったが，2014年現在でも6,000億ユーロ程度ある。ドイツが自動車等を南欧に輸出しても，代金が支払われないため，ドイツ連銀がユーロシステムを介して，立て替えている。他方，ドイツ国内でも格差問題がある。ドイツでは失業率が傾向的に低下してきたが，労働市場の規制が緩和されたため，という見方がある。このため，ドイツでも格差が拡大したと言われている。

　第二に，イタリアに関しては，年金を中心として，財政支出が大きく，財政赤字が削減できない。加えて，過去に発行された国債残高が大きく，常に借換えに迫られている。イタリアの財政は，低金利で国債借換えが可能な限りで，持続可能性がある。イタリア財政の不安定性は，この国の政治構造と密接であろう。イタリアでは，ベルルスコーニなどの極右勢力と，労働組合や旧共産党の流れを含む左翼勢力が拮抗している。このため，近年の内閣は，全方位的な布陣となり，結果として根本的な改革を実行できない状態が続いている。

　第三に，スペインについては，大きく2つの問題がある。ひとつは，自治政

府財政の赤字，ならびに財政と関連して独立問題である。自治政府は独自財源に乏しく，中央政府からの補助金に依存した財政を強いられてきた。他方，フランスとの国境地域にある，バスクやカタルーニア（州都バルセロナ）は経済水準も高く，独立を志向している。しかし，中央政府と自治政府を合わせた一般政府ベースでの財政赤字は，2013年も縮小していない。

　スペインのもうひとつの問題は，不動産不況と銀行の不良債権である。リーマンショック前まで，スペインは別荘を含み住宅バブルであり，銀行も住宅・不動産貸出を増加させた。しかし，リーマンショックを経て，住宅・不動産価格は下落し，銀行は多くの不良債権を抱えている。

　第四に，ギリシャとキプロスについては，最も深刻であろう。ギリシャについては，国債の実質デフォルト（2012年）以降，IMFやEUの支援も受けたが，同時に財政削減等を強いられてきた。しかし，財政削減によって，景気が一層悪化し，失業率も上昇するデフレスパイラルに陥っている。

　以上のように，ユーロは「小康」状態にあるが，実体経済はユーロ危機時とさほど変わらない。このため，FRBの量的緩和縮小で，新興国経済が動揺した場合，ユーロに「飛び火」することも考えられる。ユーロや新興国経済に問題が発生した場合，為替レートは円高に動くことが予想される。他方，アベノミクスの「成功」は，多くが円安によってもたらされている。消費者物価の上昇，一部での名目賃金の上昇，株価上昇等はいずれも円安と深く関連している。このため，ユーロや新興国の動揺により，円高になれば，アベノミクスの「成功」は失速する可能性が高い。

　あるいは，明確な円高にならなくとも，円安への変化率が鈍化することで，アベノミクスは減速する可能性がある。すなわち2012年には1ドル＝80円前後であったが，2013年には105円前後まで円安が急速に進んだ。しかし2013年後半から2014年にかけて，1ドル＝100円前後となっており，円安への変化率は低下している。これはいずれ消費者物価上昇率の鈍化等となって表れよう。

　アベノミクスの「成功」は，多くが円安に起因している。第一に，消費者物価上昇率である。2013年の消費者物価上昇率（除く生鮮食品）は0.4％上昇と

なった。2009年から2012年まで，4年連続で，消費者物価上昇率がマイナスとなってきた。2013年の消費者物価上昇率の内訳を見ると，「光熱・水道」費などエネルギー価格の上昇が最も大きい。すなわち，原油価格などが円安等の影響で上昇したため，である。このほか，家電製品が，日本企業の海外生産シフトによって，ほとんどが「輸入」となり，円安で価格が上向いていることもある。

　第二に，賃金上昇率である。アベノミクスで賃金が上昇したと言われるが，2013年の（名目）賃金指数は前年比0％増であり，月間給与の絶対額は減少すらしていた（厚生労働省，毎月勤労統計調査）。消費者物価は上昇しているが，名目賃金は増加していないため，2013年の実質賃金指数は－0.5％となった。ただし，実質賃金指数（製造業，30人以上）は上昇しており，自動車など輸出産業の大企業を中心に賃上げされつつある。したがって，円安によって，自動車などで大企業中心に賃金が上昇している。

　第三に，株価である。2012年11月，野田前首相が解散発言した14日，日経平均は8,660円であった。ここから急騰し，2013年12月の大納会には16,291円に達した。およそ株価は倍増である。今回の株価上昇は，海外投資家，とりわけヘッジファンドの「日本株ロング・円ショート」（日本株買い・円売り）」によって牽引された。米FRBがQE縮小へ舵をきったため，新興国へ流入していた資金を引き揚げ，その一部が日本市場に向かったと見られる。したがって，株価もやはり円安とセットである。

　しかし，2013年後半から2014年にかけ，日経平均は14,000円台で調整している。海外投資家は，一段の円安には懐疑的であること（2014年現在，円ドルの購買力平価は120円程度であり，過去15年間にわたり実勢レートが購買力平価に接近することはなかった），他方で日本の貿易収支赤字が定着し大幅な円高も想定できないこと，さらに安倍政権の外交がリスクを高めていること等を注視している。

　アベノミクスの財政政策は，公共事業や防衛など，伝統的な自民党の支持基盤に歳出を増加させている。国内の支持基盤には甘く，対外関係は良好ではない。他方で，財政赤字削減や国債残高抑制には消極的であり，従来型の財政拡

張主義である。

　なお，本書において，外国人投資家，海外投資家，非住居者といった表記は，原則として，海外投資家で統一した。この表記に関し，国によって，あるいは団体によって様々である。例えば，イタリア中央銀行では「Non-resident」であるが，スペイン中央銀行では「Rest of world」である。また日本証券業協会では「外国人」，日本取引所では「海外」である。しかし，読者の理解のため，原則として，海外投資家で統一した。

　本書の刊行には，周囲の理解や多くの支援があった。まず，本務先である，駒澤大学から，前著『ユーロと国債デフォルト危機』（2012年，税務経理協会）に対し，駒澤大学学術文化賞が授与されたことに，謝意を表したい。ついで，公益財団法人　日本証券経済研究所には，研究会開催やセミナー等で，研究上の便宜をはかっていただいている。特に，同研究所の公社債市場研究会（主査：小林和子特別嘱託研究員）とヨーロッパ資本市場研究会（同：斉藤美彦独協大学教授）には長年お世話になってきた。また，中央大学経済研究所の国際金融研究会では，田中素香中央大学教授と中條誠一同教授から，研究上のアドバイスを受けてきた。

　本書の刊行に関して，筆者の学部学生時代のゼミ指導教授であり，2014年に急逝された，一井昭中央大学名誉教授の墓前に報告したい。一井先生はゼミ学生からの研究者育成に極めて熱心であった。お叱りをうけたことは数知れず，であったが，1985年頃に先生がイギリスのリーズ大学に留学された折，大学院学生であった小生は先生の御自宅に居候して，リーズ大学図書館でイギリスやEUに関し資料収集させていただいたこともあった。今，振り返ると，あれがヨーロッパ研究への入り口であった気がする。

　本書の編集に関しては，税務経理協会の日野西資延さんに大変にお世話になった。記して謝意を表したい。

2014年3月　　代田　純

目　次

第1章　ユーロとアベノミクスをめぐる国際金融

1　アメリカの量的緩和（QE） …………………………………… 1
2　ユーロ圏とECB ………………………………………………… 2
3　日本とアベノミクス …………………………………………… 6
4　ユーロ・円と新興国 …………………………………………… 7
5　ユーロとアベノミクスをめぐる理論的問題 ………………… 12
6　まとめに代えて ………………………………………………… 18

第2章　ドイツ経済の光と影

1　はじめに ………………………………………………………… 21
2　ドイツの国際収支 ……………………………………………… 22
3　労働市場の規制緩和と格差拡大 ……………………………… 27
4　ドイツの財政黒字 ……………………………………………… 29
5　ドイツ政府債の市場構造 ……………………………………… 30
6　ユーロシステムとドイツ連邦銀行 …………………………… 34
7　むすびに代えて ………………………………………………… 36

第3章　イタリアの財政赤字と年金問題

1　はじめに ………………………………………………………… 39
2　イタリアにおける財政赤字の現状 …………………………… 40
3　イタリア財政と年金改革 ……………………………………… 44
4　イタリア国債の動向 …………………………………………… 47
5　まとめに代えて ………………………………………………… 52

第4章　スペインの自治政府財政と不良債権問題

1　はじめに……………………………………………………………… 55
2　スペインの財政と自治政府………………………………………… 57
3　スペイン国債の利回り……………………………………………… 59
4　スペインの銀行と不良債権………………………………………… 61
5　EBAによる資本過不足調査………………………………………… 68
6　まとめに代えて……………………………………………………… 71

第5章　ギリシャ危機とキプロスの銀行破綻処理

1　はじめに……………………………………………………………… 75
2　ギリシャ国債の実質的デフォルト………………………………… 76
3　キプロスの銀行危機と背景………………………………………… 79
4　キプロスの財政破綻と公債………………………………………… 85
5　まとめに代えて……………………………………………………… 89

第6章　円高・デフレとアベノミクス

1　はじめに……………………………………………………………… 93
2　円高の背景…………………………………………………………… 94
3　デフレの背景………………………………………………………… 100
4　まとめに代えて……………………………………………………… 107

第7章　為替介入の仕組みとアベノミクス

1　はじめに……………………………………………………………… 109
2　為替介入の日本的特質……………………………………………… 110

3	為替介入の歴史的経緯	112
4	外国為替資金特別会計の仕組み	114
5	米国債の最大手投資家としての外国為替資金特別会計	118
6	外国為替資金証券の性格	119
7	白川総裁から黒田総裁へ	120
8	まとめに代えて	123

第8章　アベノミクスと証券市場

1	はじめに	125
2	アベノミクスと株式市場	126
3	海外投資家とデリバティブ	133
4	国債と海外投資家	137
5	まとめに代えて	141

第9章　アベノミクスの財政政策と政治リスク

1	はじめに	145
2	消費税増税で財政赤字は拡大	146
3	アベノミクスと財政拡張主義	148
4	アベノミクスと公共事業	149
5	まとめに代えて	150

索引 … 152

第1章 ユーロとアベノミクスをめぐる国際金融

本章では、ユーロとアベノミクスをめぐる国際金融構造を概観し、また関連する理論的問題を検討する。

1 アメリカの量的緩和（QE）

図表1-1は、日米欧の中央銀行による政策金利誘導目標を示している。米FRBの政策金利はFFレートである。FFレートの誘導目標は、2006年から2007年8月まで5.25％であったが、12月には4.25％へ引き下げられた。さらに

図表1-1　日米欧の政策金利

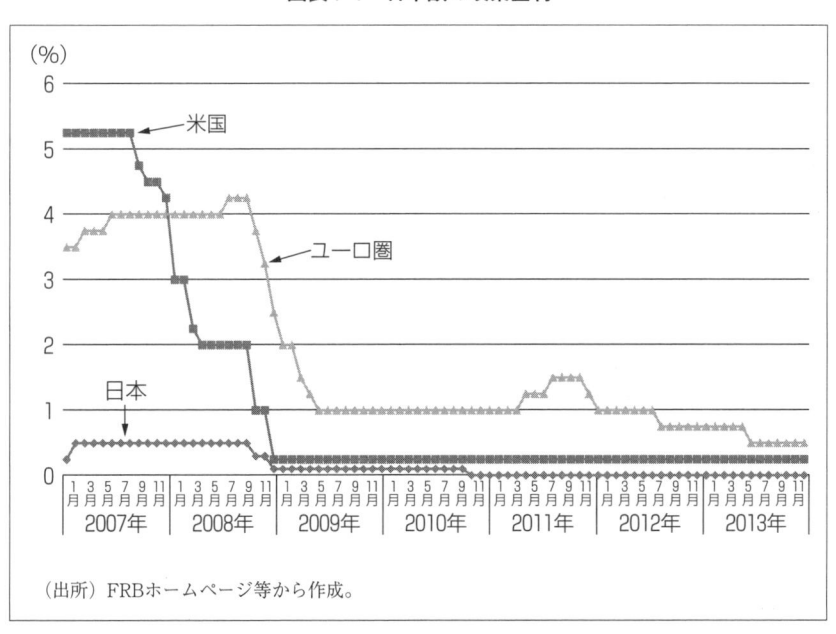

(出所) FRBホームページ等から作成。

2008年年末より0～0.25％に引き下げられた。リーマンショックの発生に対する政策対応である。さらに2008年11月よりエージェンシー債（米住宅金融機関債）購入が開始された。2013年12月にQE縮小が開始されたが，FRBによるFFの誘導目標は，2014年3月現在でも，0～0.25％で変わっていない。

　2009年3月には，量的緩和として，QE（量的緩和）1が開始された。QE1では，長期国債3,000億ドル，エージェンシー債2,000億ドル（後に1,750億ドルに縮小），エージェンシーMBS（資産担保証券）1兆2,500億ドル，合計1兆7,500億（修正後1兆7,250億）ドルを購入するとされた。2010年11月には，量的緩和の第二弾としてQE2が始まり，長期国債6,000億ドルを購入するとされた。2011年9月には，ツイストオペ政策が開始され，短期国債を売却し，長期国債を購入することとなった。ツイストオペでは，中央銀行が保有する国債合計額を増やさず，短期国債売却と長期国債購入で，それぞれ4,000億ドルとされた。2012年9月には，QE3が開始され，エージェンシーMBSが無期限で購入され，毎月4,000億ドル購入されている。2012年12月には，ツイストオペ後も長期国債を月4,500億ドル購入し，MBSと合計で月8,500億ドルとされた[1]。2013年12月に，FRBはQE縮小を開始した。

　2013年11月，次期のFEB議長にオバマ大統領から指名された，イエレン副議長が議会で公聴会に出席し，金融政策に関し発言した。イエレンは，広義の失業率は相当に高く労働市場は非常に脆弱である，といった発言をした[2]。この発言によって，ヘッジファンド等が株式市場で買い越したと言われた。

2　ユーロ圏とECB

　ユーロ圏の中央銀行ECBの政策金利は，主要レポオペレートである。同レートは，2007年4月から2008年6月まで4％，同7月から4.25％に引き上げられたが，その後2009年1月には1％まで低下した。リーマンショックに加え，ユーロ圏の景気減速が懸念されたため，と見られる。2011年7月に一時的に1.5％まで引き上げられたが，2012年7月に0.75％，2013年5月から0.5％と引き下げ

2

られた。さらに2013年11月には，0.25％へと引き下げられた。ユーロが回復したとの見方が強まり，1ユーロ＝133円程度までユーロ高が進んだこと，ユーロ圏でインフレ率が低下しデフレ懸念が強まったこと等が背景にあると見られる。

　ECBの危機対応としては，2009年6月からカバードボンド買い取りプログラムが開始され，上限600億ユーロとされ，2010年6月に上限に達した。2010年5月には証券市場プログラム（SMP）が開始された[3]。SMPはECBによる国債の買い切りオペ開始を意味した。開始時にECBのバランスシート上，「金融政策目的の証券保有」（SMPによる証券買い取りが反映）は約1,300億ユーロであったが，2011年8月には1,735億ユーロまで増加した。「金融政策目的の証券保有」は2011年10月に2,327億ユーロ，ドラギマジックを経て，2013年9月末には2,470億ユーロであった[4]。すなわちドラギマジックによるOMT（Outright Monetary Transaction，無制限の国債買い切りオペ）は2013年11月現在，一度も実施されなかった。他方，ドラギマジックのもう一方の柱である，長期レポオペは大規模に実施された。同オペの残高は，2011年11月に3,925億ユーロであったが，2012年3月には1兆909億ユーロに達した。しかし，2013年に入り，ユーロ危機が沈静化し，南欧の銀行の資金調達が回復したこともあり，長期レポオペ残高は2013年9月に6,700億ユーロまで減少した。

　OMTが未実施にも関わらず，2012年後半に南欧国債の利回りは低下した。**図表1-2**は主要国の長期金利（長期国債利回り）を示している。ギリシャの長期金利は2012年9月には20.9％であったが，2013年10月には8.7％台へ低下し，ポルトガルの長期金利も2012年9月には8.6％台であったが，2013年10月には6.3％台へ低下した。この時期のユーロ圏での長期金利低下には，ドラギマジックによるアナウンス効果も影響したが，アメリカのQE3およびその縮小延期が大きく作用したと見られる。2013年6月にFRBバーナンキ議長が量的緩和の縮小を示唆したところ，5月に比べ6月には，ギリシャ，ポルトガルの長期国債利回りが急騰した。ポルトガルの長期金利は9月には危険水域とされる7％台に達した。危険水域とされるのは，7％の金利で複利計算すると，10年

3

図表1-2　日米欧の長期金利

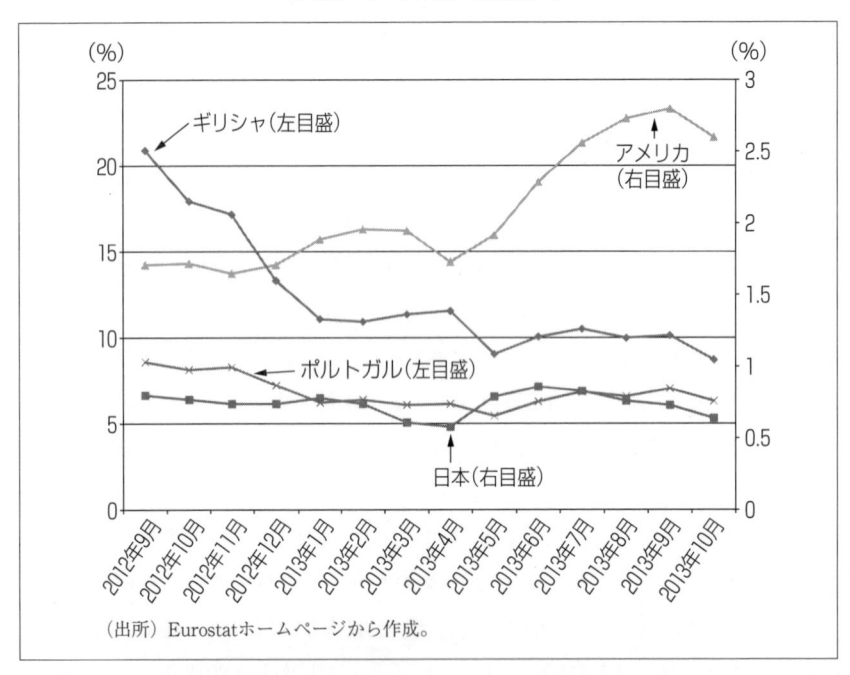

(出所) Eurostatホームページから作成。

でほぼ利払い費が倍増するからである。しかし2013年10月に，米QEの縮小延期が強まり，ポルトガルの長期金利が沈静化した。こうした動向は，ユーロ圏の金利が，アメリカの金融緩和に基本的に規定されていることを示している。アメリカのMMFは，ユーロ圏の債券等での運用比率が高く，ユーロ圏債券市場はアメリカからの資金流入によって左右されやすい。アメリカのMMFのポートフォリオにおいて，欧州系銀行の債券は2011年まで50％以上であった。2012年には25％前後まで低下したが，2013年6月現在，30％程度まで回復している[5]。またアメリカのQEによって，資金が向かった先（地域，国）はユーロ圏，ならびにイギリスが中心で，それぞれ600億ドル（2012年10月～2013年3月累計）程度と推計されている。もちろん，新興国に向かった資金もあるが，金額的にはユーロ圏とイギリスが中心である[6]。これは後述するように，グローバルベースでの外国為替取引において，ドル・ユーロのシェアが最も高い

こと，また外国為替取引の中心はイギリスであること，等からも裏付けられる。2013年9月23日にドイツでは選挙が実施された。その後，ギリシャ債務問題への減免が浮上する可能性がかねて指摘されている[7]。ドイツの選挙までは，自国民へのアピールのためギリシャ問題は封印されたが，2014年以降にギリシャの債務削減（Greek haircut）が本格化する可能性がある。アメリカのQE縮小との関連で，ユーロ不安が再燃し混乱する可能性がある。ユーロの小康状態は，アメリカのQE縮小と密接に関連している。

　2013年9月に実施されたドイツの連邦議会選挙で，メルケル率いるキリスト教民主同盟（CDU）は約42％の得票率となり，圧勝した。メルケルのCDUとSPDが連立政権となることで，①最低賃金制の導入，②金融取引税の導入等が議論される見通しである。またSPDはCDUよりも，ギリシャなど南欧への支援について積極的とされている。最低賃金制については，ナチスが戦時期に労使関係に介入し，労働組合を弾圧したことへの反省から，従来ドイツでは導入されていなかった（EU27か国中21か国で導入）。しかしメルケル政権になってからの大幅な失業率低下（特に旧東独地域では20％程度から10％程度に低下）は，シュレーダー政権時からの労働規制緩和（有期雇用の増加等）に起因するとされ，低賃金労働や非正規雇用の増加で，ドイツでも格差が拡大している。このためSPDや緑の党などは，2013年の選挙で，時給8.5ユーロの最低賃金制導入を訴えた。時給8.5ユーロの最低賃金は，月あたりで約1,200ユーロであり，EU加盟国の平均は超えるものの，イギリスとほぼ同じ水準である。

　2013年11月にアイルランドがEUやIMFなどの支援体制を終わらせ，2014年1月には長期国債が発行され，ユーロは小康状態にあるとされる。しかし，ギリシャの債務返済は依然として厳しいことに変わりなく，キプロスでの資本規制は継続している。このため，ユーロは危機から脱したものの，不安定な状態にあることに変わりはない。ユーロ危機が再燃すると，円高に転じる可能性が高く，円高になれば日本の物価上昇率が低下し，アベノミクスは失速するリスクが高まる。

3　日本とアベノミクス

　日本の政策金利は，無担保コール翌日物（Over Night, 略称ON）である。日本では1999年2月，ゼロ金利政策が開始された。デフレ懸念が払拭されるまで，無担保コールONを実質ゼロとするとされた。2000年8月，いったんゼロ金利政策は解除され，政策金利である無担保コールONは0.25％へ引き上げられた。

　しかし2001年3月（速水総裁），量的緩和政策が開始された。金融政策の操作目標は，日銀当座預金残高（当初の目標は5兆円程度）となった。同時に銀行券残高を上限として，日銀は長期国債買入を強めた。いわゆる日銀券ルールの導入である。また注意すべき点は，無担保コールONは日銀による資金供給と補完貸付制度により，実質ゼロ％で推移すると予想されていた。つまり量的緩和政策の下でも，ゼロ金利が実質的に放棄されていたわけではない。量的緩和政策は，消費者物価指数（CPI, 除く生鮮食品）が安定的に0％以上で推移するまで継続するとされた。

　しかし，2006年3月（福井総裁），景況感が改善し，CPIの前年比がプラス（2005年と2006年の消費者物価指数上昇率は2年連続でプラス0.1％）に転じたことから，量的緩和政策が解除され，金融政策の方針は，無担保コールONを「概ね0％とする」とされた。この時の量的緩和の解除が，後年議論を呼ぶものとなった。2006年7月，無担保コールONは0.25％程度，2007年2月，同0.5％程度と引き上げられていった。日銀当座預金残高は，2006年に前年比47.4％減，2007年に同49.6％減となり，2年連続で大幅な減少となった。また無担保コールONの年間平均も2007年には0.459％となっており，概ね金融政策方針に近い水準で推移した。2006年から2007年にかけ，日本では引締め気味で金融政策は推移したと評価できる。しかし，**図表1-1**が示したように，2007年に欧米の政策金利は4～5％であり，円キャリートレード（低金利の円資金で調達し，高金利の外国通貨で運用することで，利鞘を得る運用手法）が活発化したことからも，この時期の日本の金融政策を「引締め気味」と評価することには他方で問題が残る。

　しかし，リーマンショック後，2008年10月（白川総裁）に日本銀行は無担保

コールONを0.3％に引き下げ，さらに12月，無担保コールONを0.1％前後まで引き下げた[8]。長期国債の買入目標は，それまで年間14.4兆円（月間1.2兆円）であったが，16.8兆円（月間1.4兆円）に引き上げられ，残存期間別買入方式が導入された。また2008年には補完当座預金制度が導入され，超過準備預金に0.1％で付利されることとなった。さらに2010年10月，無担保コールONを0〜0.1％程度と引き下げた。同時に，資産買入等の基金（日銀本体とは別勘定で，買切りオペを実施する）が開始され，国債の他，CP，社債，上場投資信託（ETF），不動産投資信託（J-REIT）等を購入することとなった。

　金融政策が資源配分に係ることとみなされ，財政政策の領域に踏み込んだと言われる。CPや社債など個別企業の債券を中央銀行が購入することは，特定の企業や産業を中央銀行が金融面で支援することにつながる。財政政策は，公共財の供給のため，市場では供給されない社会資本（道路等）を，市場機構の外部から供給している。こうした意味で，金融政策が社債等を購入することは財政政策に踏み込んだと言える。

　2013年4月，安倍首相によって任命された黒田総裁によって，金利誘導目標が廃止され，マネタリーベース（現金通貨＋当座預金残高）が年間約60〜70兆円増加することが目標とされた。実質的に2001年から2006年までの量的緩和政策に回帰し，政策金利の誘導目標は廃止された。2013年の年初から，円の為替レートは急速に円安へと動いた。

4　ユーロ・円と新興国

　欧米や新興国を含み，為替レートの動向を**図表1-3**で見ておこう。第一に，ドル・ユーロである。2010年6月には，1ユーロ＝1.22ドルであり，相対的にはドル高ユーロ安であった。ギリシャの財政粉飾等を契機として，ユーロ不安が強まったと見られる。2011年6月には1ユーロ＝1.44ドルで，ユーロ高に戻した。しかし2012年6月，1ユーロ＝1.25ドルで，ユーロ安が進んだ。ユーロ不安でユーロ安となるが，ユーロ安により輸出が増加し，ドイツは世界最大の

図表1-3　主要通貨の対ドルレート

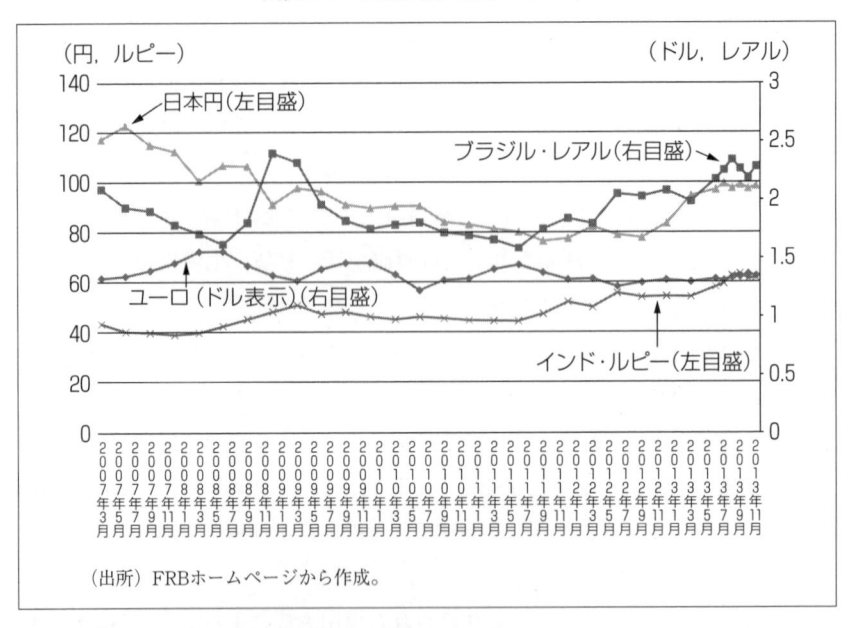

(出所) FRBホームページから作成。

貿易黒字となっており，決してユーロ安はデメリットばかりではない。

　ユーロは危機と言われても，対ドルで1ユーロ＝1.2ドルを割り込むことは少ないし，短期的な局面に限定される。これには次のような要因が指摘できる[9]。①ユーロは相対的にはデフレ通貨である。日本ほどではないが，ユーロ圏のCPI上昇率は2〜3％であり，新興国などを含めグローバル比較すれば，低い。インフレ通貨の為替は安くなりやすく，デフレ通貨の為替は高くなりやすい。2013年10月に，消費者物価指数（総合）上昇率は0.7％となり，デフレ懸念が強まったため，レポオペ金利が0.25％に引き下げられた。ユーロ回復との見方から，ユーロ高となり，輸入価格が低下したことも一因と見られる。②購買力平価で1.2ドル程度である。ユーロの購買力平価は1.2ドル程度であり，ファンダメンタルな要因からも説明可能な水準である。③ユーロ圏は2012年以降，貿易収支黒字である。南欧諸国では景気減速で輸入が減り，貿易収支は黒字と

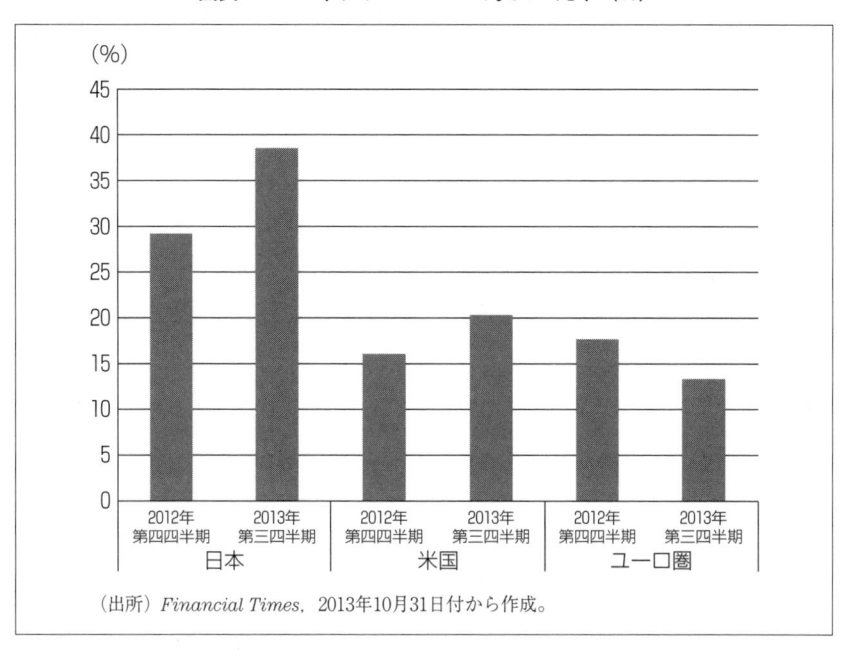

図表1-4 マネタリーベースの対GDP比率（%）

（出所）*Financial Times*、2013年10月31日付から作成。

なった。このため、もともと貿易黒字のドイツを中心として、ユーロ圏は2012年に1,543億ドルの経常収支黒字（うちドイツ単独では2,408億ドルの経常収支黒字）である。また2013年上半期だけでも、ユーロ圏は1,582億ユーロの経常収支黒字である。**図表1-5**がユーロ圏における経常収支とユーロの為替レートを示す。2012年以降、経常収支が大幅黒字となり、ユーロの為替レートが上昇している。④証券投資収支でも、ユーロ圏では流入が基本である。米ドル圏、もしくはイギリスや日本等からの対ユーロ圏証券投資が多く、ユーロ圏からの対米、対日証券投資を凌駕する。⑤南欧国債保有はユーロ圏内が中心であり、ユーロ圏外からの保有は小さい。イタリア、スペイン等南欧諸国での国債保有では自国の金融機関が多く、海外投資家もユーロ圏内の投資家である。このため、南欧国債売りは、ユーロ売りにつながりにくい。⑥ECBのバランスシートは縮小傾向にあり、米FRBに比し、金融緩和の度合いは弱い。ECBの総資

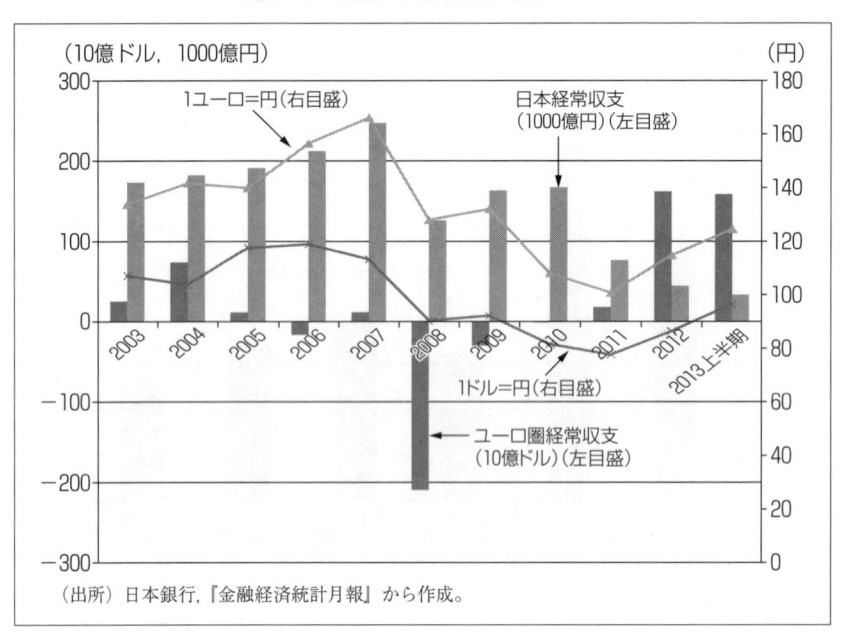

図表1-5　日欧の経常収支と為替レート

（出所）日本銀行，『金融経済統計月報』から作成。

産は，2012年11月に3兆407億ユーロであったが，2013年11月には2兆3,144億ユーロまで縮小した。金融緩和が緩やかで，為替は上昇しやすい。**図表1-4**が示すように，ユーロ圏のマネタリーベースは日米に比べ，小さく，しかも縮小すらしている。⑦ユーロ・ドルは高い流動性がある。グローバルベースでユーロ・ドルの取引は，外国為替取引高の24.1%（2013年4月）を占め，世界で最大である[10]。取引高が多いこともあり，ユーロの対ドル変動性（ボラティリティー）は近年低い。他方，円は高い。

　第二に，円・ドルである。2007年6月，1ドル＝122円69銭で円安に動いていた。円安の一因は，国際収支における「その他資本収支」で円流出となったことである。円キャリートレード等でドル，ユーロへ資金が流出したと見られる。しかし2012年9月，1ドル＝78円14銭と円高が進んだ。リーマンショック以降の逆流で，海外から日本へ円が回帰し始めた。さらにユーロ圏の国債不安

から，ユーロ圏国債が売られ，日本国債へ海外資金が流入した。このため2012年9月前後まで，円高が進んだ。

しかし，2013年6月，1ドル＝97円24銭まで円安が進んだ。ヘッジファンドによる日本株買い・円売りによると言われる。シカゴ・マーカンタイル取引所での非商業部門，通貨先物の建玉で円は買い残が19,454枚に対し，売り残が114,640枚と圧倒的にショート（5月21日現在）であった。さらに，現在の日本では，貿易収支赤字の定着という構造的問題がある。日本の貿易赤字は，2011年に3兆4,698億円，2012年に6兆8,921億円で，2013年上半期にも4兆3,359億円の赤字となった。原発の稼働停止で石油，天然ガスの輸入が増加し，また円安から輸入額が増加している。他方，円安にかかわらず，輸出額が増加していない。

第三に，新興国通貨安である。ブラジル・レアルは2011年6月，1ドル＝1.59レアルであったが，2013年11月，2.28レアルまで対ドルで低下した。インド・ルピーは2007年12月，1ドル＝39.38ルピーであったが，同じく58.35ルピー，2013年8月現在には64ルピーまで低下した[11]。インドの実質GDP成長率は2010年第一四半期には約11％だったが，2013年第一四半期には約5％まで低下した[12]。インドの証券投資収支は2013年6月には，債券，株式とも大幅な流出超となった。これは，バーナンキのQE早期縮小発言の影響と言われる[13]。インド，ブラジルをはじめとして，新興国からヘッジファンド資金がQE縮小予測を背景にアメリカへ回帰しており，その一部が日本へ向かったと言われる[14]。

このため新興国からの資金流出に伴う，通貨安や株価低下・金利上昇などもあり，FRBのQE縮小は漸次的となるだろう。イエレン次期FRB議長も急速なQE縮小には慎重である。南欧国債利回りの動向，日本の株価・長期金利もFRBのQE縮小が大きな影響を与えると見られる。日本の証券市場では海外投資家とヘッジファンドの影響が強まっているためである。

そこで問題は，FRBはQE縮小をどのようなペースで進めるか，という問題である。懸念材料としては，一般に言われる失業率の動向もあるが，米国債の発行上限問題である。2008年に1,130億ドルに引き上げられ，その後3回の引

き上げを経て，2012年（オバマ再選後）に債務上限は1,640億ドルに引き上げられた。2013年1月には，5月まで債務上限を停止する法案を可決した。2013年の9～10月には，米国債発行は債務上限に達し，土壇場でオバマ大統領と議会・共和党が妥協した。しかし2014年11月の中間選挙で共和党が勝つと，かなりの混乱が発生する可能性がある[15]。

5　ユーロとアベノミクスをめぐる理論的問題

　ユーロとアベノミクスは理論的には関係しないように見える。しかしユーロ導入の理論的支柱となったのは，R.A.マンデルによる最適通貨圏の理論であり，アベノミクスは金融面で貨幣数量説やマネタリズムに基づいている。これらの理論はともに新古典派経済学に源流がある。

①　最適通貨圏の理論とユーロ

　以下では，本書が対象とするユーロとアベノミクスに関連する理論的問題について検討する。第一には，ユーロに関わって，最適通貨圏の理論である。最適通貨圏の理論は，ロバート・A・マンデルによって提唱され[16]，1990年代のユーロ導入にあたり，理論的支柱として重用された。最適通貨圏の第一条件は，経済構造が同一ということで，具体的には景気やインフレ格差が発生しにくいことである。第二条件は，経済構造が異なっていても，景気やインフレ格差を調整する機構が備わっていることである。具体的には，①生産要素（資本・労働）の移動性が強いこと，②物価・賃金の伸縮性が強いこと，③財政による公的な所得移転が備わっていること，である。こうした条件を満たした場合，最適な（単一）通貨圏として相応しいことになる。以下，現状のユーロ圏を最適通貨圏理論との関係で検討する。ただし，最適通貨圏の理論自体に関する検討と，最適通貨圏の理論から見て，ユーロ圏の現状をどう評価するか，という問題がある。しかし両者の問題は交差しており，混在する形で論じることになる。

　まず，最適通貨圏の理論では，経済構造の同質性，あるいは景気やインフレ率の類似性を求める。この点自体は，共通通貨圏として，必要不可欠な条件で

あろうが，ユーロ圏の現状を見ると，かなりの問題がある。筆者はこの問題に関し論文を書いたが[17]，もともとユーロ圏各国には価格格差が存在していた。ユーロ導入前の1995年，EU平均の物価水準を100（家計による最終消費の物価水準，Eurostatホームページによる）とした場合，南欧ギリシャの物価水準は82.9（同じくスペイン89.1，ポルトガル83）であったが，北欧フィンランドでは133であった。すなわち両国の間には，1.6倍程度の価格差が存在した。このことは，例えばホテルの宿泊料金が，ギリシャで100ユーロの時，フィンランドでは160ユーロであることを意味するが，現地を訪問した際の実感と一致する。

　1999年からユーロが導入され，両国の価格差は強力に縮小することになる。しかし，その価格差縮小は，ギリシャなど南欧ではインフレとなり，フィンランドなど北欧ではデフレとなった。一般に，先進国と新興国の間では，内外価格差のハーモナイゼーションが発生しているが，ユーロ圏では通貨が共通化され，このハーモナイゼーションが顕在化したとも言える。このため，ギリシャでのインフレ率は高く，2002年に3.9％，2003～2007年にも3％台，2008年には4.2％であった。この結果，2009年には，EU平均の物価水準100に対し，ギリシャは96.5となった。ユーロ導入10年で，ギリシャの物価水準は上昇し，EU平均にほぼ並んだことになる。自動車など高価格・高級品がドイツや北欧から輸入され，ギリシャの生活水準がEU水準までかさ上げされた。

　他方，フィンランドやドイツでは物価低下圧力がかかった。2007年にEUの物価平均100に対し，フィンランドの物価は119.6と相対的に低下した。このため，フィンランドやドイツではインフレ率は低く，ドイツのインフレ率は1997年から2006年にかけ2％未満であった。ユーロ導入前から10年間で，ユーロ圏にはインフレ率格差があったと言わざるをえない。この点で，ユーロ圏の現状は最適通貨圏の理論とは乖離していたことになる。

　次に最適通貨圏の理論では，生産要素の移動性（資本・労働）が必要とされる。まず資本の移動性については，ユーロ導入以降，EU域内で加盟国相互の直接投資は増加してきた。ユーロシュタットによると，EU27か国間での相互直接投資額（各国の純対外投資フロー額で，対内投資を差し引き後）は2004年に2,269億

ユーロであったが，2007年には7,139億ユーロまで増加した。リーマンショック等で2009年には2,787億ユーロまで減少したが，2011年には3,608億ユーロまで回復した。したがってEU域内での資本の移動は，変動はあるにせよ，増加していると言える。

　問題は，労働の移動である。最適通貨圏の理論では，通貨圏内で失業率格差がある場合，労働の移動によって，失業率格差は縮小するはずである。この点に関しては，理論自体にも問題があろう。アメリカ，特に北部アメリカとカナダであれば，労働力移動にとって言語や文化の相違は小さいと考えられる。しかしEUやユーロ圏の場合，言語や文化の相違が大きく，高失業率の南欧諸国から，低失業率の北欧諸国（ドイツを含む）への労働力移動は起こりにくい。

　EU域内の移民受け入れは，1990年代も現在も，ドイツが最大である。1990年代において，ドイツへのEEA（欧州経済地域，ECにノルウエー等を加えた地域）からの移民受け入れは，16万人（1992年）から20万6,000人（1995年）であった。他方，1990年代において，ドイツへの移民は圧倒的にEEA地域以外からの移民が多く，ボスニア紛争の影響から1990年には148万5,000人であった[18]。現在のドイツへの移民を見ると，2011年に48万9,400人であるが，うちEU加盟国からの流入は22万6,400人であり，EU以外からの流入は17万2,500人である。すなわち，EU域内の労働力移動は，ドイツにおいても1990年代と現在であまり変化は見られない。

　ドイツ以外で移民受け入れが多いEU加盟国は，スペインとイタリアである。ただし，この2国はEU以外からの移民受け入れが多い。スペインの場合，2011年に移民として41万5,500人を受け入れているが，EU以外からの受け入れが27万3,400人であり，約60％になる[19]。イタリアも同様であり，これら南欧諸国への移民はアフリカ系移民が中心と見られる。

　結局，ユーロ導入前後で見ても，EU域内の労働力移動はさほど変化は見られず，高失業国から低失業国への移動も増加しているとは言い難い。むしろ，EU諸国にとって深刻な問題は，EU以外からの移民や難民（2013年現在では，シリア問題によって，トルコ経由でブルガリアやギリシャへの流入が深刻化）である。

最適通貨圏の理論に関し，さらに財政による公的な所得移転の問題がある。すなわち，同理論では最適通貨圏では，経済構造が異なっていても，財政による公的な所得移転によって補完されるとしている。しかし，この点においても，現状のEUやユーロ圏では問題がある。EUの共通財政は規模的に小さく，また削減されてきたとはいえ，農業補助が大きいからである。しかも，農業国が恩恵を受けるため，デンマークやフランスのような高所得国が受益してきた。2013年のEU共通財政の歳出規模は約1,400億ユーロであるが，うち588億ユーロが農業関係である[20]。ドイツの政府財政歳出規模（一般政府）が約1兆2000億ユーロ（2012年）であるから，EU共通財政の規模が制約されていることがわかる。

ユーロの債務危機を経て，EUやユーロ圏の財政同盟を強化する必要性は指摘されるものの，各国が負担を嫌い，かつ共通財政からの受益は守ろうとするため，改革は遅れがちである。また財政同盟の前段階として，銀行同盟が基本的には合意された。しかし銀行監督の一元化は進んでいるが，破綻処理制度や預金保険制度の一元化は不透明な状態である。

以上のように，ユーロ圏のインフレ率格差は拡大したし，最適通貨圏の理論が想定するような労働力移動は現実には発生していないし，また財政による公的所得移転も限定されている。

② アベノミクスと通貨学派

アベノミクスによる金融政策は，量的・質的金融緩和と呼ばれる。黒田総裁は2％の物価上昇目標を2年程度の期間で実現するとしている。そのために，量・質ともに次元の違う金融緩和を進める，とした。具体的には，①マネタリーベース（現金通貨＋日銀当座預金）で年間60〜70兆円の増加（2年間で2倍以上），②長期国債の保有残高で，年間約50兆円の増加（2年間で2倍以上），③長期国債買入の平均残存期間を7年程度に（2年間で2倍以上），するとした。換言すれば，アベノミクスによる金融政策は，物価上昇を推し進めるため，中央銀行によりマネタリーベースを倍増させる，というものである。

図表1-4は，日米欧のマネタリーベースを対GDP比で見たものである。ま

ず日本については，アベノミクスが本格始動する以前の2012年第四四半期でも29.3％に達しており，欧米の水準を大きく超過していた。これは日本では1999年以降，長期にわたり金融緩和が継続され，国債の買い切りオペ等によりマネタリーベースが拡大してきたため，であろう。日本では1999年よりゼロ金利政策が始まり，2001年より量的緩和政策が導入された。2006年に量的緩和政策は一度解除されたが，その後も政策金利は実質ゼロ水準に据え置かれてきた。2006年以降も国債買い切りオペが大規模に実施されてきたことに変わりはない。リーマンショック以降，アメリカやイギリスで量的緩和政策が開始されたため，日本の金融緩和が弱い，との批判があった。しかし日本では1999年以降，すでに長期にわたり緩和が継続されてきた。そこに2013年以降，アベノミクスが開始され，急激なマネタリーベースの拡充が推進されたため，**図表1-4**が示すように，2013年第三四半期には対GDP比で38.6％まで上昇している。欧米に比べても突出した水準である。この水準まで金融緩和を進め，それでも消費者物価上昇率が0.8％上昇（2013年8月，前年同月比，除く生鮮食料品）ということ自体が問題であろう。

　アベノミクスによる量的・質的緩和政策は，決して新しいものではなく，最近では岩田・翁論争における岩田教授の主張であり，また古くは古典派経済学での通貨学派に起源を有している。岩田・翁論争において，岩田教授の主張は，中央銀行である日銀の金融緩和（日銀券等のベースマネー供給）が弱いため，日本のマネーサプライは伸びず，不況から脱出できない，ということであろう。これに対し，翁（当時は日銀）現京大教授の主張は，マネーサプライの動向は民間銀行の貸出動向等によって規定され，中央銀行はコントロールできない，ということであった[21]。岩田教授が日銀副総裁に就任し，岩田理論はアベノミクスとして実現されることとなった。岩田・翁論争は，日銀券などベースマネーの供給を増やせば，マネーサプライが増加するという岩田教授の主張と，これを批判する翁教授の対立であった。こうした意味で，貨幣数量説に関わる対立であったとも言える。そして1990年代における岩田・翁論争は，19世紀イギリスにおける通貨学派と銀行学派による論争の再現であった。

19世紀イギリスでは,イングランド銀行の中央銀行としての形成と成立を背景に,通貨学派(D.リカードなど)と銀行学派(J.S.ミルなど)が論争した。通貨学派の主張は,銀行券発行は全額金準備を必要とし,国内金保有量に応じて発券量が変化することが望ましい,というものであった。この主張は銀行券の発券量に応じて物価が変動するという貨幣数量説に基づき,預金通貨を考慮していない。他方,銀行学派の主張は,銀行券の増減は物価変動の原因ではなく,物価変動の結果である。物価が変動し,商品が取引された結果として,銀行券発行量が変動するので,その逆ではない。銀行券は支払手段の一部に過ぎず,預金通貨もあり,銀行券発行によって支払手段をコントロールできない[22]。通貨学派と銀行学派の対立は,貨幣数量説に関する対立に起因していたが,1990年代における岩田・翁論争でも基本的には同じ構図が再現された。そして,2013年におけるアベノミクスも,通貨学派と岩田理論の系譜に属する。筆者は通貨学派や岩田理論には批判的であり,中央銀行のマネタリーベース供給増によって,物価を上昇させることはできないと考える。

③ 為替レートの決定理論とマネタリズム

物価をめぐる貨幣数量説的見地は,為替レートをめぐるマネタリズムによる理論につながっている。すなわち中央銀行によるマネタリーベースの供給増加と金融緩和は,為替レートの低下につながりやすく,逆に金融緩和に消極的ならば,為替レートの上昇につながりやすい,ということである。通貨供給の増加が,物価の対外的側面である為替レートの低下につながる,とされる。こうした議論は,近年,ソロス・チャート(ヘッジファンドのジョージ・ソロスが考案したとされ,中央銀行のマネタリーベースにより,為替レートを説明しようとする)として実務的に知られるが,金融緩和によって為替レートが決定されるという観点であり,源流はマーコビッツにあると見られる。

筆者は短期的に金融緩和によって為替レートが影響されることを否定しない。むしろ,短期的にはかなり有効だと考えている。しかし,中長期的には貿易収支を中心とする経常収支,あるいは購買力平価など実体経済に密接な指標で説明することが基本だと考える。購買力平価からの為替レートの検討は,第6章

などでも触れるので，ここでは経常収支との関係について検討する。

図表1-5は，日本とユーロ圏の経常収支，ユーロと円の為替レートを示している。2007年から2008年にかけ，日本の経常収支黒字が大きく縮小するなかで，大幅に円高に変化している。日本の経常収支は2007年に24.7兆円の黒字であったが，2008年には12.6兆円の黒字に縮小した。しかし円の為替レートは，同じく1ドル＝113円から90円まで上昇した。この時期は，円キャリートレードが2007年前後まで増加したため，円売り・外貨買いが増加し，その後リーマンショックに伴う円キャリートレードの解消により，円買い・外貨売りが増加したと見られる。このため，経常収支黒字の拡大にかかわらず円安が進み，その後2008年に経常収支黒字が縮小するなかで円高が進んだと見られる。しかし2010年以降，日本の経常収支は急速に縮小し，円の為替レートは円安に動いている。

日本の経常収支黒字は2010年に16.7兆円であったが，2012年に4.4兆円まで縮小した。主因は貿易収支黒字から同赤字への転換である。日本の貿易収支黒字は2010年に6.5兆円であったが，2012年には6.9兆円の赤字となった。2013年上半期でも貿易赤字は4.3兆円であり，赤字幅は拡大している。貿易赤字拡大の主因は，エネルギー関係の輸入拡大（原発稼働停止も背景にあると言われる），円安にかかわらず輸出が伸び悩んでいること等にある。

2013年現在の円安は，根本的には日本の国際収支における構造的変化を反映したものと見られる。構造的変化とは，日本の輸出主導型経済と貿易収支黒字が終焉したことである。日本の輸出競争力は自動車等では維持されているが，スマホなど電機産業では競争力を喪失しており，またエネルギー関係の輸出依存も当面続くであろう。2013年現在の円安は，アベノミクスと金融緩和に起因するよりも，日本の貿易収支赤字を反映したものと見られる。

6　まとめに代えて

以上，本章ではユーロとアベノミクスをめぐる国際金融，ならびに両者に関

わる理論問題を検討してきた。国際金融構造で最も強調したことは、ユーロの小康状態も、アベノミクスによる株高、円安もアメリカのQE縮小の動向と密接ということである。ユーロ危機が再燃した場合、円高によりアベノミクスも失速する可能性が高いと見られる。また、ユーロは最適通貨圏の理論、アベノミクスは金融面でマネタリズムに依拠しているが、いずれも新古典派経済学による。最適通貨圏の理論が想定するような、労働力移動はユーロ圏で生まれていない。生産要素として、資本と労働を同一視すること自体に問題がある。またマネタリーベースの増加によって物価を上昇させようというアベノミクスも、通貨と物価の関係を誤解している。アベノミクスの財政政策は、本来のケインズ主義とは異なり、財政拡張主義であるが、第9章で検討する。

注)

1) 小野　亮・安井明彦,『やっぱりアメリカ経済を学びなさい』, 東洋経済新報社, 2013年, pp97～100参照
2) *Financial Times*, November 15, 2013
3) 拙著,『ユーロと国債デフォルト危機』, 税務経理協会, 2012年, pp133～137
4) *WirtschaftsWoche*, 10.6.2013, p29
5) *Financial Times*, August 14, 2013
6) 「米国の対外証券投資の行先」, 三菱UFJリサーチ＆コンサルティング,『国際マネーフローレポート』No.85, 2013年6月27日号
7) *Financial Times*, August 5, 2013
8) 翁邦雄,『ポスト・マネタリズムの金融政策』, 日本経済新聞出版社, 2011年 同,『金融政策のフロンティア』, 日本評論社, 2013年を参照。
9) 唐鎌大輔,「ユーロが堅調な理由」,『日経ヴェリタス』, 2013年8月11日, 18日号
10) BIS, *Triennial Central Bank Survey, Foreign exchange turnover in April 2013: preliminary global results*, September 2013
11) *Financial Times*, August 22, 2013
12) *Financial Times*, August 9, 2013
13) *Financial Times*, July 24, 2013
14) 『ダイヤモンド』, 2013年8月3日号, p28
15) *Financial Times*, August 14, 2013

16) R.A.マンデル,『国際経済学』,渡辺太郎・箱木真澄・井川一宏訳,ダイヤモンド社,1971年
17) 拙著,「ユーロ危機とインフレ率格差」,『証券経済研究』,第77号,2012年3月
18) *Eurostat Year Book*, 2002, p75　拙著,「ヨーロッパにおける移民問題」,『プロブレマティーク　国際関係』,東信堂,1996年,pp163-182
19) *Eurostat Year Book*, 2012
20) EU Commission, *Financial Programming and Budget*
21) 岩田規久男編,『まずデフレをとめよ』,日本経済新聞社,2003年,13ページ
　　翁邦雄,『金融政策』,東洋経済新報社,1993年,100ページ
22) 川口弘,『金融論』,筑摩書房,1966年,pp33〜49
　　鈴木武雄,『近代財政金融』,春秋社,1966年,pp108〜110

第2章 ドイツ経済の光と影

> ドイツの貿易黒字は2012年に1,880億ユーロまで拡大した。自動車を中心に新興国向けに輸出が増加してきた。しかし，国際収支でドイツ連銀はユーロ圏の他の参加国に貸越となってきた。また労働規制緩和によって格差も拡大してきた。ドイツ経済には光と影が交錯している。

1　はじめに

　ユーロ危機に関わる最近の研究としては，第一に，現在のユーロ危機をユーロ・バブルの形成と崩壊としてとらえたもの[1]，第二に，ギリシャ，アイルランド，ポルトガル，スペインなどの実証研究を踏まえ，ユーロの将来に懐疑的なもの[2]，第三にユーロ危機における欧州中央銀行の金融政策を日本化（Japanification）ととらえるもの[3]がある。この他，ドイツ財政に関連した研究としては，ドイツの法人税改革に関する研究などがある[4]。

　筆者は，2011〜2012年のユーロ危機は現代的な金融恐慌の一形態であり，ECB（欧州中央銀行）のSMP（Securities Market Program）による国債買い切りオペ，長期（3年）レポオペなど中央銀行信用の拡張によって，ユーロ圏の銀行システムが政策的に支えられている，と考えている。金融恐慌と位置づける理由は，直接的にはギリシャ国債の実質的デフォルトであり，民間銀行を中心とするギリシャ国債の保有者は大幅な元本削減を余儀なくされた。このため，ギリシャの民間銀行から預金の流出が続き，ドイツをはじめとするユーロ圏へ移動した。古典的な金融恐慌が手形の不渡り等を契機とし，連鎖的な信用不安を惹起するとすれば，2011〜2012年のユーロ危機では国債の実質的デフォルトを契機とし，連鎖的な信用不安が引き起こされた。ギリシャ不安がイタリア，スペインの国債と銀行システムへの懸念となり，イタリアとスペインの銀行が

資金調達において困難に直面した。そこで，ECBがSMPによる国債買い切りオペを実施し，また3年間という極めて長期間にわたるレポオペによって，ギリシャ，イタリア，スペインなどの銀行に資金が供給された。ユーロ危機では，中央銀行信用により，金融恐慌の発現が抑制された。

　以上のように位置づけるならば，ドイツ経済が比較的好調であることと矛盾する，といった反論が予想される。しかし，伝統的な恐慌理論によっても，部門間の不均衡は認められてきた[5]。金融恐慌局面においても，ドイツの自動車産業など，国際競争力を有する部門は好調を維持するが，他方でギリシャなど南欧の銀行業等，競争力に劣る部門は淘汰されやすい。2011〜2012年のユーロ危機は，こうした金融恐慌の発現が，ECBによる中央銀行信用の拡張によって，辛うじて抑止されていた，と理解される[6]。

　また筆者は，EU統合とユーロ導入自体が，国内における過剰資本を海外に輸出するため，国民国家および国家に規定される通貨・為替リスクを止揚する試みと理解している。もちろん，一般に指摘されるように，EU統合が独仏主導による政治・経済同盟といった理解を否定しているわけではない。ただ，ドイツを中心とする多国籍企業が，ユーロ圏に進出し，またEU加盟を進めてきた中東欧諸国で現地生産を拡大してきた。こうした側面から，EU統合とユーロ導入は，独仏中心の多国籍企業が海外直接投資を行うことを促進してきた。この意味で，EU統合は独仏の国内過剰資本を海外に輸出し，およびユーロ導入は多国籍企業の為替リスクを止揚するように機能してきた。

2　ドイツの国際収支

　ドイツの国際収支を**図表2-1**で見ると，まず輸出は2009年に8,033億ユーロであったが，2010年9,520億ユーロ，2012年には1兆970億ユーロと増加してきた。2013年に入り，7月までで6,408億ユーロであるから，ほぼ前年並みであろう。2009年には金融危機（リーマンショック）の影響があり，2010年からはギリシャの財政赤字粉飾問題からユーロ危機が進んだが，ドイツの輸出は増

第2章　ドイツ経済の光と影

図表2-1　ドイツ国際収支（10億ユーロ）

	2009	2010	2011	2012	2013
輸出	803.3	952	1060	1097	640.8
輸入	664.6	797.1	901.9	909.1	526.7
貿易収支	138.7	154.9	158.1	188	114.1
欧州	122.1	133.3	129.4	121.5	68.8
EU27カ国	120.3	126.5	122.3	116.5	63.3
ユーロ17カ国	85	88	82.2	69.1	34.3
フランス	28	29	35.3	39.8	20.6
イタリア	13.4	16.6	14.2	7	4
スペイン	12.3	12.3	12.3	8.3	4.3
アメリカ	15.1	20.3	25.4	36.2	21.6
日本	−8.1	−9.3	−8.4	−4.7	−1.9
中国	−19.4	−23.5	−14.7	−11.1	−3.5
サービス収支	−7	−2.1	−2.3	−2.9	−1.9
所得収支	59	53.8	59	64.4	33.3
移転収支	−33.2	−38.2	−33.5	−36.8	−26.9
経常収支	140.6	156	161	186	105.2
直接投資	−36.9	−47.2	−2	−47	―
証券投資	−81.1	−127.7	37	−65	―
デリバティブ	11.3	−17.9	−28.7	―	―
その他投資	−52	47	−157.4	−102	―
金融収支	−155.4	−147.4	−161.9	−233.8	−118.1

（出所）Deutsche Bundes Bank, *Monthly Report*
（注）2013年は1～7月。

加してきた。

　輸出と輸入の差額である貿易収支を見ると，2009年における1,387億ユーロから2011年には1,581億ユーロへ増加してきた[7]。2013年においても，1～7月の貿易黒字は1,141億ユーロであり，2012年とほとんど変わらぬどころか，月換算で増加すらしている。これは後述するように，ドイツの貿易においてEU

23

やユーロ圏のシェアが低下する一方，中国やロシアの比重が高まっているため，である。ロシアのウクライナ問題への対応にも関わっている。

　また金融収支において，2011年には，証券投資で流出超から流入超へ転換したことが注目される。主因はドイツの対外債券投資よりも，海外からのドイツ対内債券投資が上回ったことである。こうした傾向は2013年においても継続しており，2013年8月の場合，対外債券投資56億ユーロに対し，対内債券投資は65億ユーロとなっており，ドイツ国外からドイツ国債へ資金が流れ込んでいる。

　こうして貿易収支で資金流入することに加え，債券投資でも資金がドイツに流入している。貿易黒字等は本来，貿易相手国からの支払いによって決済されなければならない。しかし，現状では貿易相手国からの支払いによって決済されておらず，ユーロシステムを通じた，ブンデスバンクによる相手国中央銀行への貸出となっている。すなわち，スペインやイタリア等南欧諸国の購入先がドイツから輸入したが，資金を払いこんでいないため，ドイツのブンデスバンクが南欧諸国の中央銀行に貸出している状態にある[8]。**図表2-1**の2012年における「金融収支」が2,338億ユーロとなっているが，ここにブンデスバンクのユーロシステム向け貸出（ユーロ圏の中央銀行への貸出債権）が含まれている。しかし2013年に入り，南欧の銀行が回復したため，「金融収支」は減少した。

　図表2-1からドイツの国別貿易収支を見ると，全世界との貿易黒字は2009年から増加してきたが，対EUおよび対ユーロ圏での貿易黒字は縮小してきたことがわかる。対EUの貿易黒字は2009年の1,203億ユーロから，2012年に1,165億ユーロに減少している。また対ユーロ圏との貿易黒字も，2009年の850億ユーロから，2012年には691億ユーロに減少した。

　他方，ドイツの対中国輸出は2009年には372億ユーロであったが，2012年には666億ユーロへ倍増近くなった。**図表2-1**において，ドイツの対中国貿易収支は，2009年の194.3億ユーロの赤字から，2010年に235億ユーロの赤字，2012年には111億ユーロの赤字と推移している。これは対中国輸出と同様に，ドイツの中国からの輸入が急成長しているため，である。ただ，ドイツの中国

からの輸入増加よりも，ドイツからの輸出増加がより大きく，そのため貿易赤字が縮小している。後述するように，輸出の中心のひとつは自動車である。

ドイツの輸出がユーロ圏などEU向けから，中国など非EU圏向けにシフトしてきたことは，連銀月報でも指摘されている[9]。ドイツの貿易において，2011年に最も増加した相手国は，ロシアであり，30.5％増であった。ドイツの貿易における，ロシアのシェアは2011年に3.2％であり，一定のプレゼンスを持っている。また中国はドイツの貿易において6.1％のシェアを占め，2011年には20.4％増であった[10]。すなわち，ドイツの貿易は対ユーロ圏から，中国やロシアなどBRICSにシフトしている[11]。ちなみに，ドイツの貿易において，日本は1.4％のシェアであり，2011年に15％増であった。

ドイツの輸出において，中心的な品目のひとつは自動車であろう。2011年においてもドイツの輸出において，自動車は17.6％のシェアを占めている。他方，輸入においてエネルギーは13.4％（日本は2008年にほぼ20％）であり，原油価格や天然ガス価格の影響は相対的には受けにくい。

ドイツ三大自動車メーカーの欧州（スイス，ノルウエー等も含む）における販売動向を見てみよう。三大自動車メーカーとは，BMW（Bayerish Motor Werke, BMWブランドの他，Mini），ダイムラー（Daimler，主要ブランドはMercedes），Volkswagen（主要ブランドはVolkswagenの他，Audi）である。オペルについては，長らくGMの傘下にある。またダイムラーについては，2006年時点ではクライスラーと合弁していたが，その後解消した。

各社の販売台数を見ると，最大の販売台数はVWであるが，VWの地域別売上高を見ると，欧州北部が20％，欧州南部が10％に対し，中国が29％に達している[12]。VWにとって，欧州市場全体と中国市場はほぼ同規模になっている。アウディとBMWが中国市場で30％程度の販売増となる一方，メルセデスは8％増となっており，明暗を分けている[13]。他方，2006年以降欧州市場でシェアが低下したメーカーとしては，フィアット（イタリア），PSA（フランス，主要ブランドはシトロエンとプジョー），ルノー（フランス）等である[14]。

以上で述べてきたように，ユーロ圏の自動車メーカーにとって，ユーロ圏内

とならび，中国をはじめとする新興国市場は極めて重要な市場となっている。中国の自動車市場において，ドイツのVWが2012年現在，首位のシェアを占めている。このVWを中心とする，ユーロ圏の自動車メーカーによる対中国販売には，ユーロの為替レートが少なからず寄与していると見られる。独連銀によると，ユーロの実効為替レート（複数の外国通貨に対してユーロの為替レートを加重平均）は，1999年第一四半期を100とした場合，名目ベースでは2009年には110.6であったが，2011年には103.4へ低下し，2012年6月には97.2となった。しかし，この名目ベースの実効為替レートを，ドイツのGDPデフレーターで調整した，実質ベースでみると，同じく2011年には95まで低下し，さらに2013年4月には92.6となっている。すなわち，実質的には，名目よりも一層ユーロ安となっている[15]。本来のドイツ経済の実力（物価動向や労働コスト等）からすれば，ユーロの為替レートはもっと高いが，現実には低くなっており，ドイツは輸出しやすいことを意味する。

　こうしたユーロ安は対中国の人民元でも例外ではない。2010年1月には1ユーロ＝9.92人民元であったが，2012年8月には1ユーロ＝7.76人民元まで低下した。こうしたユーロ安がドイツの輸出拡大を後押ししていることは否定できない。英フィナンシャル・タイムズ紙は，「輸出企業はユーロ安の恩恵を享受（Exporters reap the benefits of weak euro）」と論じ，最大の勝ち組は，コスト（人件費や原材料等）構造がユーロ圏内にあり，他方で売上高がユーロ圏外にある多国籍企業とした[16]。

　ドイツにとっては，ユーロ危機といわれたユーロ圏の状態において，南欧諸国への援助は「小出し」にして，ユーロの為替レートが相対的に低く（ユーロ安）なるほうが，国益に沿ったものとなる。ドイツのメルケル首相は，南欧への援助に関する国民の批判や不平をうまく利用しつつ，南欧への援助を小出しにして，間接的にドイツの輸出を支えているように見える。

3 労働市場の規制緩和と格差拡大

　ただドイツ経済の構造に問題がないわけではない。ミュンヘンのIFO経済研究所が発表している，ドイツの景況感指数（IFO Business Climate Index）は2012年1月以降，ほぼ低下し続けている。今後の期待に関する指数は，2012年3月には102.6（2005年を100とする）であったが，9月には93.2まで低下した。産業別に見ると，製造業では比較的堅調であるが，内需型である建設業では悲観的な見方が強い[17]。これはドイツ経済が輸出依存であり，内需が乏しいことの反映であろう。ただし，同指数は2013年11月現在，106.3まで回復している。

　しかしドイツでも経済格差が拡大している。ドイツの金融資産は1991年に17.5億ユーロであったが，2012年第一四半期には48.1億ユーロまで増加した。20年間で3倍近く金融資産が増加したことになる[18]。しかし，資産保有階層を10分位に分けた場合，最高階層が資産の61.1％を保有し，第二階層が19％を保有し，上位階層への資産保有が集中している。輸出主導で景気を維持し，金融自由化を進めてきたが，ドイツでもその副作用として資産格差が拡大していると見られる。

　こうした資産格差を増長した要因として，労働市場での規制緩和が指摘できる。ドイツでは2002年からハルツ改革と呼ばれる，労働市場の規制緩和が進められた。ハルツとは，シュレーダー首相（当時，メルケルの前任）顧問を務めた，フォルクス・ワーゲンの労務担当役員ペーター・ハルツである。ハルツにより2002年8月に改革案が示され，この改革案に基づき法改正が実施された。具体的には，①派遣労働に関する規制緩和，②有期雇用の規制緩和，③解雇規制緩和，④失業保険受給期間の短縮等である[19]。

　図表2-2はドイツにおける失業率と格差関連指標を示している。失業率は2005年に11.3％であったが，傾向的に低下し，2012年には5.6％まで低下している。ただしこの失業率は，ドイツ平均の失業率であり，旧西独地域では5.9％で，旧東独地域では10.7％とやはり地域格差がある。しかし旧東独地域ではメルケル政権誕生時代には20％前後の失業率があったため，今日までに失業率

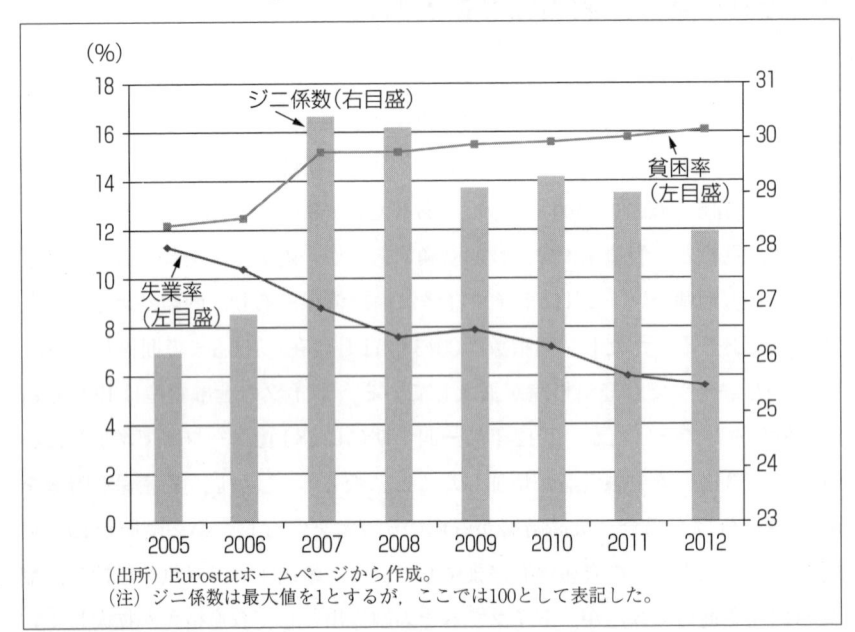

図表2-2 ドイツの失業率と格差指標

(出所) Eurostatホームページから作成。
(注) ジニ係数は最大値を1とするが、ここでは100として表記した。

は半減し、旧東独ではメルケルへの支持率上昇の背景となっている。

　全国平均の失業率は低下し、ドイツのマクロ指標を好調である。しかし、労働市場の規制緩和によって失業率が低下した面が否めず、格差が拡大している。**図表2-2**でも、ジニ係数（所得件数と課税後所得金額の関係から、所得分布の公平性を示す指標。100に近づくほど不公平となる）は、2005年まで26.1であったが、2007年から2008年にかけて30を超えた。リーマンショックが発生する前であり、金融証券市場も好調であり、他方で低所得の派遣や有期雇用が増え、格差が拡大したと見られる。また**図表2-2**は、貧困率も示している。この貧困率（At-risk-poverty rate）とは、ユーロシュタット（Eurostat, EU統計局）が作成している指標で、EU各国の各国平均可処分所得の60％以下で生活する人々のシェアである。この貧困率は2005年に12.2％であったが、傾向的に上昇し、2012年には16.1％まで上昇した。ドイツの貧困率は2001年には11％であったから、

11年間で5.1ポイント上昇しており，EU加盟国のなかでも上昇する速度が速くなっている。こうした指標が示すように，ドイツの失業率低下は，労働規制緩和に起因するところが大きく，格差拡大を伴っている。

2013年12月現在，メルケルのキリスト教民主同盟（CDU）は選挙で圧勝したものの，過半数に5議席不足し，社会民主党（SPD）と連立政権を組むこととなった。この政権による政策として，最低賃金制の導入が含まれている。EU27か国中，21か国で最低賃金制が導入されている。しかしドイツではナチスが労使関係に介入し，労働組合を弾圧したことへの反省から，政府は労使関係に介入せず，最低賃金制も制定されていなかった。しかしSPDと緑の党が，選挙において，時給8.5ユーロの最低賃金制導入を強く主張し，CDUとの連立政権でも政策に盛り込まれることとなった。こうした最低賃金制の導入も，ドイツで労働市場の規制緩和が進み，格差が拡大したことの裏返しであろう。

4 ドイツの財政黒字

以上のように，格差拡大を伴っているが，ドイツの輸出は好調であり，企業収益や実質賃金もマクロ的には増加しており，税収増を支えに，財政収支も黒字（2012年）である。ドイツ一般政府の財政赤字対GDP比率は，2007年には0.2％の黒字となったが，金融危機の発生により2009年から2010年にかけては赤字へ悪化した。しかし2011年には－0.8％へ回復した。2011年の改善に関し，最大の要因は，2010年に計上された金融機関向け資本移転（2010年にGDPの1.5％）がなくなったこととされる。さらに2012年には0.1％の黒字，2013年上半期には0.6％の黒字となった。

2012年に税収は前年比（以下同じ）4.2％増となった。特に所得関連の税収は8.4％増となり，なかでも賃金税は6.7％増となった。2012年に税収合計は5518億ユーロであったが，賃金税は1491億ユーロで，税収合計の27％を占め，税収に与える影響が大きい。賃金税の増収は，賃金の伸びに主として起因する。格差は拡大しつつ，マクロ的に賃金合計は増加している。

以下では，中央政府，州政府，地方政府に分けて検討する。まず中央政府財政であるが，財政赤字の対GDP比は2010年の－3.3％から2012年には－0.5％へ改善した。中央政府のオフバランス財政では，Soffin（Financial Market Stabilization Fund，金融機関への公的資金注入機関）が重要である。Soffinは2011年には70億ユーロの黒字に回復したが，これはコメルツ銀行が資本注入を返済したため，である。2013年上半期も－0.2％の赤字に改善している。

　州政府財政については，2009年から2010年にかけて財政赤字の対GDP比率は－0.8％となったが，2012年には－0.3％へ縮小した。主因は税収の増加であった。州政府から地方政府（市町村）への移転は5.5％増となったが，中央政府からの移転支払いの増加，地方政府との税収分配合意によるものであった。ドイツの州政府のなかにも，厳しい財政事情を抱える州と，財政が豊かな州がある。前者の例はベルリン，ブレーメン，ザールランド，シュレスヴィッヒ―ホルスタインなどで，財政再建計画が2011年に策定されている[20]。ドイツの州政府間には財政調整制度があり，州政府間での財源移転が実施されている。ドイツの州政府財政は，富裕な財政の州と財政逼迫の州が混在している[21]。

　以上のように，中央政府の他，州政府などの財政改善によって，一般政府の財政収支は大きく改善し，財政収支対GDP比率は2010年の－4.1％から，2012年にはプラス0.1％，2013年上半期もプラス0.6％となった。マクロ面で輸出主導により景気が底堅く，賃金や企業利益の伸びがあり，税収が好調に推移していることが，基本的には大きい。

5　ドイツ政府債の市場構造

　ドイツの政府債（中央政府債，州政府債，地方政府債の合計）残高は1兆8,055億ユーロ，対GDP比率は79.8％である（いずれも2013年上半期末）。2010年末には残高1兆7,325億ユーロ，対GDP比率82.5％であったから，残高では微増，対GDP比率では低下している。

　ドイツは財政連邦主義であり，政府財政は中央政府，州政府，地方政府の三

層構造である。州政府は1990年以降16あるが，市町村の地方政府は11,340と夥しい。16の州のうち，10は旧西ドイツであり，5は旧東ドイツ，1はベルリン（東西にかつては分割）である。州政府は独自予算を作成する権限を認められているが，地方政府（市町村）の独自性は制約されている。

　財政連邦主義であるため，共通の税収は三層構造の政府によって分配されており，中央政府は独自の税源設定が可能だが，州政府では制限されている。2009年まで，中央政府と州政府については，債券（債務）発行の制限はなかった。ただし連邦や多くの州憲法では，政府の純借入は投資的支出計画額を超えてはならない，といった規定があった。とはいえ，この規定は通常の経済状況とリンクしており，実質的には形骸化し，ドイツ公債を制限するうえで有効ではなかった[22]。しかし，2009年に憲法改正により債務ブレーキ条項が導入された。ドイツ基本法（憲法）109条と115条で，均衡財政が義務づけられた。均衡財政とは，国債発行対GDP比率で0.35％以内とされている。赤字国債発行による新規債務負担が禁じられて，連邦政府だけでなく，州政府にも適用されている。

　中央政府債の中心は，連邦債（Bunds，以下ブンド）である。ブンドは満期10年の長期国債である。ブンドの残高は6,790億ユーロ（2013年6月末，以下同じ）であり，中央政府債の主要部分を成している。ついで連邦5年債（Bobls）であり，残高は2,346億ユーロ（同）であり，ブンドに次ぐ位置を占めている。この他，中央政府債としては，Ｔノートが1,118億ユーロ，財務省証券（Bubills）が565億ユーロ，金融機関借入が287億ユーロある。

　2012年9月12日に，ドイツの財務相ショイブレは2013年度予算案を発表し，総支出3,022億ユーロ（2012年度比3.4％減），総収入2,830億ユーロ（同0.7％増），税収見込み2,600億ユーロ（同3.2％増）とした。これにより，2012年度の新国債発行額321億ユーロは，2013年度に188億ユーロへ減少し，ショイブレ構想では2016年度に新国債発行額はゼロとされた。ショイブレは，ドイツは多くの欧州国家の模範となる，と述べた[23]。

　州政府債は2006年末に4,819億ユーロであったが，2013年6月末には5,383億ユーロへ増加してきた。主要な債務形態はＴノートであり，3,037億ユーロで

あった。もともと州政府の債務形態は銀行等金融機関からの借入が中心であり，2006年末現在では，Tノートが2,167億ユーロ，銀行等金融機関からの借入が2,093億ユーロとほぼ半々であった。しかし，銀行等金融機関からの借入は減少し，2013年6月末には1,333億ユーロとなった。州銀行への政府保証が廃止され，州銀行が貸出を担保として発行するカバードボンドの格付けも低下した。こうした関連で，州銀行から州政府への貸出も伸び悩んだ。州政府の債務形態で証券化が進み，証券形態のTノートが増加した。

州政府の資金調達が，銀行等借入から，証券形態のTノートへシフトしたことで，州銀行を中心に大きな影響が発生した。ドイツの州銀行は大銀行に次ぐ地位を占めてきたが，州政府が大株主で，対州財政貸付が歴史的には中心的なビジネスであった。しかし州政府がTノート発行にシフトしたため，州銀行は貸出先を喪失し，結果として投資銀行化し，サブプライム関連で大きな損失を計上した[24]。

公債（貸出形態を含む）の保有構造を見ると，**図表2-3**が示すように，海外に

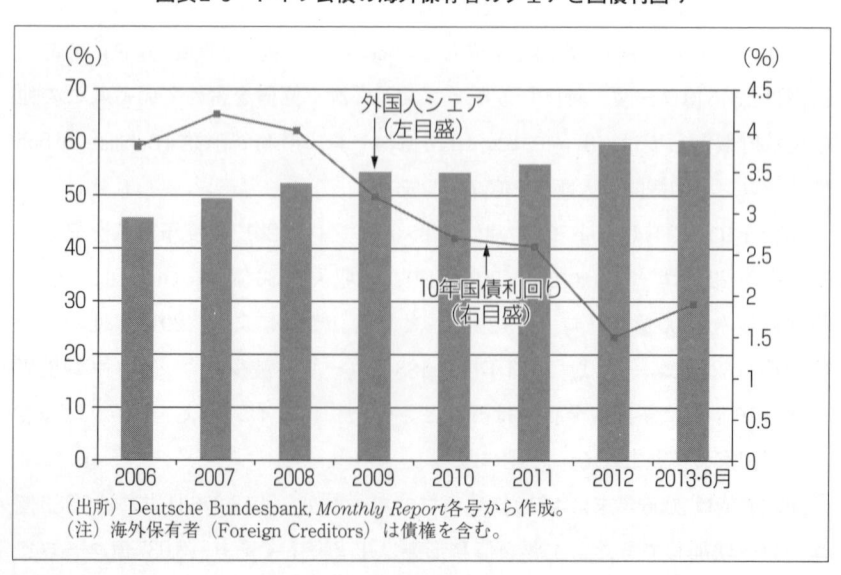

図表2-3　ドイツ公債の海外保有者のシェアと国債利回り

(出所) Deutsche Bundesbank, *Monthly Report* 各号から作成。
(注) 海外保有者 (Foreign Creditors) は債権を含む。

よる保有シェアが上昇している。2006年には45.8％であったが、2008年には52.3％へと7ポイント近く上昇した。この時期はパリバショックなどが発生し、「質への逃避」が意識され始めた時期であった。ドイツ公債へユーロ圏内外から資金流入が増加したと見られる。さらに2013年6月末には60.4％まで上昇した。2010年以降はギリシャの財政危機等で、南欧国債が売り込まれ（利回りは上昇）、ドイツ国債が買われた。

海外以外の公債保有者は、国内銀行が大きく、2013年6月末で4,244億ユーロ（シェア23.5％）を保有している。ただし、国内銀行の保有額とシェアは傾向的に減少している。シェアで低下しただけではなく、絶対額でも純減してきた。銀行による政府向け債権減少は、主として、州銀行が経営危機に瀕したこと、州政府などへの長期貸出の減少が要因と見られる。

図表2-3は、ドイツ国債（ブンド、残存期間9～10年）の利回りも示す。示されるように、ブンドの利回りは2006年には3.8％であった。ユーロ圏で大きな問題がなく、ドイツ国債が買われ、順調に利回りは低下していた。しかし2012年7月には、スペインの金融不安が強まったこともあり、1.2％まで低下した。

7月下旬には、ドイツの短期国債（Schatz）の発行利回りが－0.06％となった。またドイツの5年物国債利回りも0.254％まで低下していた。背景には、ユーロ危機によってドイツ等の国債が逃避先になったこと、ECBの利下げ（0.75％へ）に加え、ECB当座預金への付利をゼロ（7月5日）としたことがあると見られる[25]。

このように、ドイツ等の国債は、短期国債を中心に利回りが低下し、利払い費は軽減された。**図表2-4**は、ドイツ公債（州債等含む）の残存期間（remaining period to maturity）構成を示している。**図表2-4**によると、残存期間2年未満の公債は2010年4月における35.5％から、2013年6月にも35.8％となっている。残存期間4～6年は、2009年4月には15.6％であったが、2013年6月には12.5％まで、3ポイント近く低下した。他方、残存期間8～10年については、2009年4月には8％であったが、2013年6月には9.9％で、2ポイント近く上昇した。ド

図表2-4　ドイツ公債の残存期間構成（%）

	2009年4月	2010年4月	2011年4月	2012年4月	2012年6月	2013年6月
2年未満	35.5	35.5	38.8	38.1	37.8	35.8
2〜4年	18.6	18.7	20	21.3	23	21
4〜6年	15.6	15.6	14.7	13.2	11.8	12.5
6〜8年	10.2	9.6	7	7.3	8	9.4
8〜10年	8	7.5	8.2	8.9	7.9	9.9
10〜15年	1.3	2.2	1.4	1.3	1.9	2.5
15〜20年	3.2	3.6	4.3	4	3.9	2.4
20年〜	7.4	7.1	5.5	5.9	5.7	6.4

（出所）Deutsche Bundesbank, *Monthly Reprt*

イツの国債は残存期間構成からも長期化し，安定している。

6　ユーロシステムとドイツ連邦銀行

　しかしドイツにとって，格差問題とならぶ不安はユーロシステム（ECBと各国中央銀行の総称）との関係であろう。図表2-5はユーロシステム（ECB）による長期レポオペ残高とドイツ連銀による「その他資産」残高を示している。ECBは近年，2回にわたり，大規模な長期レポオペを実施した。2011年12月に実施したオペと，2012年3月に実施したオペである。いずれも期間3年で，金利はECBの政策金利であった1%である。中央銀行の金融政策は，短期金利に働きかけることで，短期資金の需給を調整することが基本である。期間3年といった，長期の資金を供給すること自体，中央銀行としては異例のことであろう。 ECBの長期レポオペ残高は，2011年11月末に3,925億ユーロであったが，2012年3月末には1兆909億ユーロまで増加した。長期レポオペは南欧の中央銀行経由で，南欧の民間銀行に貸し付けられた。資金調達難に陥った南欧の銀行救済のためであった。

　ECBが期間3年の長期レポオペを実施することは，中央銀行のバランスシー

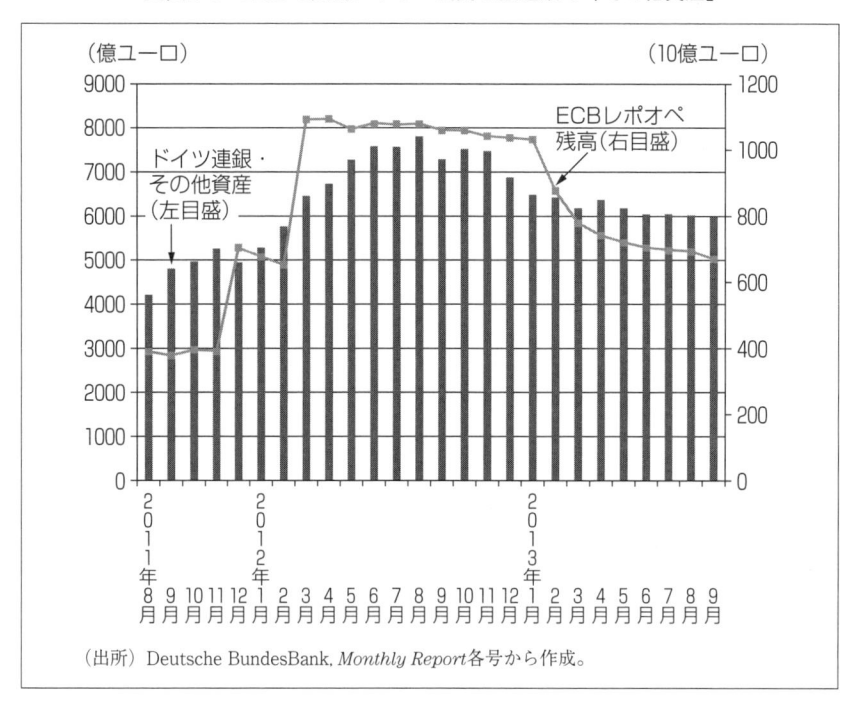

図表2-5　ECBの長期レポオペ残高と独連銀の「その他資産」

(出所) Deutsche BundesBank, *Monthly Report* 各号から作成。

トとしても問題がある。ECBにとって3年の長期レポオペは，資産面で長期かつ固定的な運用となる。しかし調達が短期のため，資産・負債管理（ALM）の面で期間ミスマッチの可能性を意味している。

他方，独連銀のバランスシートでは「その他資産」が増加し，かつ巨額になっている。独連銀の「その他資産」は，ユーロシステムの決済システムであるTarget IIを経由した，ユーロ加盟国中央銀行への貸出債権を反映していると見られる。**図表2-5**が示すように，独連銀の「その他資産」は2011年8月には4,209億ユーロであったが，2012年8月には7,796億ユーロまで積み上がっている。これは南欧の民間銀行が資金調達難に陥り，資金決済できないため，独連銀が南欧中央銀行向けに貸越となっており，不良債権化するリスクがあった。しかしECBが長期レポオペにより南欧中央銀行経由で資金供与したため，事

態は沈静化し，2013年9月現在，独連銀の「その他資産」も減少している。

7　むすびに代えて

　2013年10月にドイツの経常収支黒字は国際的批判を浴びつつある[26]。逆に言えば，ドイツの貿易やマクロ指標は好調そのものである。しかし失業率低下は各種の格差拡大をともなっていたし，巨額の経常収支黒字は独連銀のターゲットⅡ残高増加によってファイナンスされていた。格差拡大は最低賃金制の導入により是正される方向にあり，ターゲットⅡ残高問題はECBのレポオペによって沈静化された。しかし，ドイツ経済には光と影が交錯している。

注）
1)　Brendan Brown, €uro Crash, The Implications of Monetary Failure in Europe, Palgrave Macmillan, 2010
2)　The Euro Crisis, edited by Philip Arestis and Malcolm Sawyer, Palgrave Macmillan, 2012
3)　Dimitris N. Chorafas, Sovereign Debt Crisis, Palgrave Macmillan, 2011
4)　Michael Broer, Die Unternerhmensteuerreform 2008/2009 in Deutschland, Nomos, 2010
5)　例えば，富塚良三，『恐慌論研究』，未来社，1962年，122ページ
6)　拙著，『ユーロと国債デフォルト危機』，税務経理協会，2012年2月
7)　日本の貿易収支は2011年に約1兆6,000億円の赤字であり，ドイツとは対照的である。ドイツの貿易黒字は1ユーロ＝100円として，15兆8,000億円になる。
8)　奥田　宏司，「ユーロ危機，対米ファイナンス，人民元建貿易などについて」，『立命館国際研究』，第25巻第1号，2012年6月参照。
9)　Deutsche Bundes Bank, Monthly Report, March 2012, p15
10)　近年，ドイツと中国の経済関係は急速に強まっている。中国企業によるドイツ企業買収が増加しており，建設，自動車部品等で売上高10億ユーロ以上のドイツ企業が買収されている。WirtschaftsWoche, 3. 9. 2012, p72
11)　アウディやBMWなどは，近年インドにおける販売を強化しており，2008年に7,000台であった販売台数は，2012年には39,000台へ増加している。Financial Times,

August 29 2012
12) VWグループの売上高のブランド別構成では，アウディが36％，VWが25％である。また金融サービスも9％占めている。VWは2012年にトヨタとGMを販売台数（Global Light Vehicle）で抜いた。*Financial Times*, September 9, 2012
13) *Financial Times*, September 1, 2012
14) *Financial Times*, September 13, 2012
15) Deutsche Bundes Bank, *Monthly Report,* July 2012, p76
16) 同紙は典型的なユーロ安による勝ち組として，Rio Tinto, Nestle, LVMH, Sanofi, BMW, Siemens等を挙げている。*Financial Times*, August 13, 2012
17) http://www.cesifo-group.de/参照。
18) *Frankfurter Allgemeine*, 9 September
19) 『海外労働情報』，独立行政法人　労働政策研究・研修機構，2012年10月
20) Deutsche Bundes Bank, *Monthly Report,* February 2012, p69
21) Niklas Potrafke（University of Munich, IFO Institute）and Markus Reischmann, "Fiscal equalization schemes and fiscal sustainability," *Cesifo wokingpaper,* 3948 *Finanzbericht2013,* Bundesministrium der Finanzen, p395
22) 1994年から2004年にかけて，ブレーメンとザールランドという，2つの州が破産し，連邦政府の救済を受けた。しかし期待されたほどは改善しなかった。またこの救済は他の州政府の債券（債務）発行へのインセンティブを変えなかったとされる。
Beate Jochimsen and Sebastian Thomasius, "The Perfect Finance Minister whom to Appoint as Finance Minister to Balance the Budget?", *DIW Discussion Papers,* Berlin, 1188, 2012
浅羽隆史，『建設公債の原則と財政赤字』，2013年，丸善プラネット，第5章「ドイツの建設公債の原則」，pp101～130参照。
23) *Frankfurter Allgemeine*, 12 September, 2012
24) 独ブンデスバンク経済調査部長ウルブリッチ氏によると，2012年現在，州銀行はリテール路線強化の方向にある。このため，シュパルカッセ（Sparkasse，ドイツの地域銀行）等を買収している，と言う。
25) *Financial Times*, July 19, 2012
26) *Financial Times*, November, 2013

第3章 イタリアの財政赤字と年金問題

イタリアの国債残高は南欧でも最高水準にあり，国債借換え額は巨額な水準が続く。公的年金が財政支出のなかで大きいが，改革が進まない。南北間で経済格差が大きく，労組の影響力も強いため，イタリア特有の政治や財政が形成されてきた。

1　はじめに

本章では，イタリアに焦点をあて，イタリアの財政赤字，財政赤字の主因としての公的年金を中心に分析する[1]。

まず，従来の研究動向をサーベイしておく。経済学者によるイタリア研究として，1980年代までのイタリアの金融をEC統合との関連で分析したものがある[2]。しかし2000年以降のイタリア財政を分析したものは，少なくとも邦語文献では見当たらない。他方，政治学者によるイタリア研究は進んでいる。イタリアでのコーポラティズム（労使協調主義）に関して年金問題を軸に分析したもの[3]，イタリアにおける地域政治を地方財政との関連で分析したもの[4]，等である。ただし，いずれにせよ，2013年現在のイタリア財政と国債を分析したものはない。

以下，本章ではまず財政赤字の対GDP比率，累積財政赤字の対GDP比率などから，イタリア財政の概略を示す。一方，イタリア財政と経済に深く関わっている背景として，南北格差を指摘する。イタリアにおける南北格差は，イタリアにおける労働組合と政治，年金受給者の地域別分布などと深く関連している。

イタリアにおける財政赤字の主因は，社会保障費，なかでも公的年金である。イタリアでの出生率は1995年前後に1.2程度まで低下し，今日の少子・高齢化

の背景となった。イタリアなどユーロ圏における公的年金は賦課方式が多く，少子・高齢化は年金財政に深刻な影響を与える。また年金受給開始年齢，所得代替率，給与からの拠出率など，年金受給者にとって有利で，財政負担が膨張しやすい制度設計となっている。またイタリアの国債残高は高水準で推移しており，国債の借換えが円滑に進まないと，大きな問題が発生しやすい。

2 イタリアにおける財政赤字の現状

　イタリアにおける財政赤字対GDP比率は，2009年が−5.5%に対し，2012年には−3%であり，単年度の財政収支については改善すらしている。これはイタリアの財政プライマリーバランスが黒字であり，単年度の収支では悪くないためである。

　アイルランドでは2010年に財政赤字の対GDP比率が30.6%まで上昇したが，これは銀行に対する公的資金注入が実施され，この財政負担が増加したためである。アイルランドでは銀行セクターが経済規模に対し肥大化しており，銀行への公的資金注入は政府財政にとって過大な負担となった。しかしアイルランドの財政赤字対GDP比は2012年に8.2%まで改善し，2013年11月にEU/IMFの支援から「卒業」する見込みとなった。

　またスペインでは財政赤字の対GDP比率は2010年で9.6%，2012年で10.6%となっており，財政赤字が拡大している。スペインの場合，地方分権が進み，一般政府財政で地方政府は50%程度の比率を占めると言われている。これらのユーロ参加国に比べ，イタリアの単年度財政赤字は小さい。

　しかし国債残高対GDP比で見ると，イタリアは2008年に106.1%，2012年に127%であり，ギリシャの156.9%よりやや低いとはいえ，悪化が続いてきた。PB（プライマリーバランス）では現在黒字化しているものの，過去の赤字ストック解消が困難であり，国債残高が増加している。イタリア財政は国債の実質的償還ができず，借換え債の発行によって対応しており，国債残高が雪だるま的に増加し，利払い額が経常支出の10%程度に達している。それでも長期金利

がユーロ参加以降低下してきたため、利払い負担は軽減されてきたが、長期金利が上昇すれば、財政の持続可能性が懸念される。

イタリア等南欧諸国の国債残高を見ると（2013年6月末現在）、イタリア2兆761億ユーロ、スペイン9,434億ユーロ、ギリシャ3,170億ユーロ、ポルトガル2,148億ユーロ、アイルランド2,045億ユーロ、合計3兆7,558億ユーロとなっている。イタリア残高が55.3％を占め、圧倒的に大きいシェアとなっている。国債残高合計額はユーロ圏における2012年までのセフティーネットである、EFSF（欧州金融安定化基金）の規模を大きく超過していた。EFSFの規模は、名目上7,800億ユーロであった。しかしEFSFの債券発行にあたり、格付け機関により、保証国格付けがAAA必要とされていた。このためEFSFの規模は、実質的には4,400億ユーロ（仏をAAAとして）とされていた。独、オランダなどAAA格の格付けを有する国による、EFSF債発行の限度額を反映していた。しかも仏国債の格付けはAAAから引き下げられており、4,400億ユーロも疑問視される。この問題が未解決のまま、2012年3月末に、EU首脳が合意し、EFSFとESMを合計して8,000億ユーロとされた[5]。しかし、南欧国債残高が超過しており、デフォルトが大規模に発生すると、対応しきれないことを意味している。その国債残高の過半をイタリアが占めている。

イタリア財政が国債依存を強めた要因は、ユーロ参加後、ユーロ建ての国債発行によって、発行コストが著しく低下したことである。イタリアの利払い費負担はユーロ参加で激減した。利払い費対GDP比率を見ると、イタリアは1993年に12.7％であったが、2010年に4.5％まで劇的なほど低下した。1999年以降、ユーロ参加でドイツの傘下に入り、名目長期金利が急低下した。またイタリアではインフレ率が高く、実質長期金利は一層低下した。1999年以降、イタリアの年インフレ率は、ほぼ毎年ユーロ圏平均インフレ率を上回ってきた。国債の利率（クーポン）は発行時に決まり、事後的に名目GDPがインフレで増加すれば、利払い費の対GDP比率は低下する。この点、ギリシャと共通性がある。

イタリアの財政と経済に、深刻に影響している問題として、南北の格差があ

る。南北格差はイタリア経済の構造的問題である。1861年にイタリア王国が成立し，1866年にヴェネツィア（オーストリア）が併合され，1870年にローマ教皇領占領で統一（明治維新は1868年）された。イタリアはもともと複数の王国から成り，南北格差は変わらぬまま，今日に至っている。**図表3-1**が，イタリアにおける南北格差の指標を示す。北部の州は1人あたりGDPが119.7（EU27カ国平均＝100）と，南部平均の70の倍近い。失業率は北部5.7％に対し，南部では13.5％と3倍近い。豊かな北部，中間の中部，貧しい南部が地理的にもきれいに分布している。北部トリノは高級自動車フィアットの企業城下町であり，南部シチリア州などが，貧しい南部の典型である。2012年7月，シチリア州地方債のデフォルトが懸念されてたが，シチリア州財政の脆弱性を露見させた。7月16日，ムーディースはシチリア州地方債の格付けを2段階引き下げ，投機的水準以下とした。シチリアの地方債残高は53億ユーロと言われる。

　南北格差は，イタリア経済の二つの問題と密接に関連している。第一に，シチリア・マフィアなどマフィア経済（シャドーエコノミー拡大と密接）の肥大化である[6]。前首相のベルルスコーニ（フォルツア・イタリア，極右）はマフィアとの関係が指摘されている。マフィア経済とシャドーエコノミーは税収低迷の大きな要因である。シャドーエコノミーの定義は確定したものではないが，ドラッグ（麻薬）取引から非課税取引（領収書をださないことで，付加価値税を脱税する）まで幅広い。ただギリシャなど南欧では，シャドーエコノミーが税収低迷の大きな要因とされている。

　第二に，経済格差が激しいため，旧共産党系など労働組合が強く，年金改革への抵抗が根強いことである[7]。ユーロ参加時の政権，オリーブの木には，左翼民主党も参加し，2012年のモンティ政権にも民主党（左翼民主党と少数政党マルゲリータが合併）が与党となっていた。しかし労働組合と左派は年金削減に抵抗しており，年金改革はイタリア財政と政治の根本問題となっている。左派政権時には労組との関係で，年金削減がしにくいため，民営化による株式売却が財政赤字削減の選択肢となってきた。

図表3-1　イタリアの地域指標

州（主要都市）	1人あたりGDP EU平均=100	失業率（％）	人口（1000人）
北イタリア			
ロンバルディア（ミラノ）	134	5.6	9,826
トレンティーノ（トレント）	122	4.3	525
ベネト（ベネツイア）	122	5.8	4,912
バレ・ダオスタ	121	4.4	128
ベネティア・フリウリ	117	5.7	1,234
ピエモンテ（トリノ）	114	7.6	4,446
リグーリア（ジェノバ）	108	6.5	1,616
北平均（人口は合計）	119.7	5.7	22,687
中部イタリア			
エミリア・ロマーニャ（ボローニャ）	127	5.7	4,377
ラツイオ（ローマ）	123	9.3	5,682
トスカーナ（フィレンツエ）	114	6.1	3,730
マルケ（アンコーナ）	106	5.7	1,578
アブルツオ	85	8.8	1,339
中部平均（同上）	111	7.1	16,706
南部イタリア			
サルデーニャ	79	14.1	1,672
バジリカーテ	76	13	589
プーリア（バーリ）	67	13.5	4,084
カラブリア	66	11.9	2,009
カンパーニャ（ナポリ）	66	14	5,825
シチリア	66	14.7	5,043
南部平均（同上）	70	13.5	19,222
イタリア平均	104	8.4	60,340

（出所）European Investment Bank, *Annual Report 2012*

3 イタリア財政と年金改革

イタリアでは，ユーロ参加後，社会保障関係費が急増してきた。イタリアの社会的給付（Social Benefit，社会保障とほぼ同義）の対GDP比率は，2001年に16.2％であったが，2010年には19.3％まで上昇した。イタリアの同比率は，ギリシャとほぼ同水準であり，ドイツを抜いてしまった。ドイツの同比率は2003年に19.8％であったが，2008年には17％まで低下した。ドイツでは，社会民主党のシュレーダー政権時に，年金抑制などの社会保障改革に取り組んだ。しかしイタリアでは，ユーロ導入後の金利低下で国債依存度が高まり，年金など社会保障が拡大した。

イタリアの社会保障では年金が中心である。社会保障のなかでも，イタリアは公的年金が高く，医療等はEU平均程度である。イタリアの公的年金支出の対GDP比率は，1995年に11.3％であったが，2007年に14.1％まで上昇し，ドイツやギリシャよりも高く，EUに限らず，OECDでも最高水準にある。

イタリアの出生率は90年代に低下し，高齢化が深まり，年金の国庫負担が増加する一因となった。イタリアの出生率は1990年1.33から，1995年に1.19まで低下した。出生率が2で，人口は維持されるわけで，1.19はかなりの人口減となる。1995年生まれの世代は，2012年に17歳であり，1990年代の出生率低下により20歳台の人口は減少が著しい。このためもあり，2012年現在，老齢依存率（15〜64歳人口に対する65歳以上人口）が31.6％へ上昇し，EU加盟国では最高となっている。イタリアでは，女性の出産，育児をめぐる環境が悪いとされる[8]。

イタリア公的年金の制度面で，現在の年金を大枠において規定した，1995年のディーニ改革について見ておく。1995年にディーニ（中道左派，暫定）政権による年金改革が実施され，94年まで民間52歳，公務員40代前半（女性の国家公務員は勤続14年6ヶ月で年金受給権が発生し，30代でも年金受給が可能であった）で早期退職年金が受給できたものを，ディーニが支給開始年齢を段階的に引き上げた。ディーニ改革の骨子は，大きく3点あり，第1点は，所得比例年金か

ら拠出比例年金への移行であった。ただし1995年までに，拠出18年以上の年金加入者は従来の所得比例（現役時代の平均年収がベース）のまま，であった。拠出が18年未満の者は，95年以前分は所得比例のままで，95年以降分は拠出比例と，混合となった。新規加入者には拠出比例年金を適用した。第2点は，受給開始年齢を57から65歳までに多様化（形式上は男子65歳，女子60歳）したことである。しかし保険料納付期間が40年以上あれば，年齢は関係なく受給開始可能であった。第3点は，年功年金拠出期間を35年から40年に延長（2008年まで移行期）したことである。とはいえ，40年拠出すれば，年齢に関係なく受給可能であったから，57歳からでも受給は可能であった[9]。

　ディーニ改革以降，部分的な修正はあったものの，基本的な制度については変化してない。イタリア公的年金の基本的制度を見ておく。第一に，受給開始年齢が低く，所得代替率（現役時代の所得に対する年金の比率）が高いことである。現在，実質的なイタリアの受給開始年齢は59歳で，EUでは最も低いグループに属する。またイタリアにおける所得代替率は64.5％で，OECD平均を上回っている。

　イタリア公的年金の第二の特質は，給与に対する年金拠出率（給与に対する年金拠出金の比率）が30％を超え，しかも事業主負担が中心ということである。イタリアでは年金拠出率は33％という高水準であり，しかも本人負担が9.2％に対し，事業主負担が23.8％と高い。OECD平均で事業主負担は11.2％だが，スペインも事業主負担23.6％と高い。年金の事業主負担が高水準であることは，イタリアやスペインにおける若年層失業率と深く関連している[10]。事業主が社会保険料負担を嫌い，新規雇用に消極的となるため，である。

　イタリアでの若年層（15〜24）失業率は35.2％（2012年）であり，スペインの53.2％やギリシャの55.3％に準じている。また若年層の対人口・雇用率（総人口に対する被雇用者の比率）はイタリアでは20％程度ありEU諸国では最低である。これは単純な失業のみならず，教育や訓練にも属さない若年層が多いため，である[11]。

　イタリア公的年金の第三の特質は，年金月額は10倍以上の格差があり，最

図表3-2　INPS年金受給者の年金額分布

（単位：人，％，ユーロ）

年金収入	男性				女性			
	人数	構成比	月平均額	指数	人数	構成比	月平均額	指数
～ 499.99	786,370	10.7	279.18	18.4	1,479,207	17.4	327.65	31.1
500～ 999.99	1,683,814	22.9	750.99	49.5	3,229,083	37.9	693.63	65.8
1,000～1,499.99	1,882,706	25.6	1,261.89	83.1	2,090,753	24.5	1,221.27	115.9
1,500～1,999.99	1,358,889	18.5	1,730.6	114	959,792	11.3	1,719.41	163.2
2,000～2,499.99	773,939	10.5	2,221.07	146.3	453,785	5.3	2,206.9	209.5
2,500～2,999.99	381,496	5.2	2,719.13	179.1	154,502	1.8	2,708.49	257.1
3,000～	497,698	6.8	4,453.03	293.2	156,399	1.8	4,029.94	382.6
合計	7,364,912	100	1,518.57	100	8,523,521	100	1,053.35	100

（出所）Instituto Nazionale Previdenza Sociale, *Rappoto Annuale 2012*, p312
（注）　2012年12月末現在。

高水準は4,453ユーロと高いことである。すでに指摘したように，95年ディーニ改革において，所得比例型が残されたので（95年時点で年金加入歴18年以上の者），現在でも現役時代の所得に連動する年金を受給する層がある。INPS (Institute Nazionale Previdenza Sociale, 日本の社会保険庁に近い) からの年金受給者は男性736万人，女性852万人と女性が多い。しかし**図表3-2**が示すように，男性の年金月額平均1,519ユーロに対し，女性は1,053ユーロと，男女間の年金には格差がある。また男性では，最低で279ユーロだが，最高では4,453ユーロに達する。女性でも，最低で328ユーロだが，最高では4,030ユーロに達する。したがって**図表3-2**の指数が示すように，年金額平均を100とした場合，男性の最低層では18.4であるが，最高層では293.2に達し，その格差は16倍程度に達する。月額4,453ユーロの場合，年額では53,436ユーロとなるが，男性最高層の人数が約50万人であるから，この50万人に対する支出だけで，年間267億ユーロを超えることとなる[12]。

　イタリアでは1980年代から少子化が進行し，年金改革が議論されてきたが，80年代にはほとんど改革が進まなかった。しかし，1990年代に入り，1992年

にイタリアがEMS（欧州通貨制度）から離脱し，リラが切り下げられ，財政政策や社会保障に関する見直しが強まったとされる。国際金融市場でのイタリアへの信用を維持するためには，年金など社会保障を改革することが不可避と認識された[13]。

しかし，20年以上経過しても，根本的な年金改革は実施されていない。その一因は，イタリアの政治構造であろう。ベルスコーニのような極右勢力が強い一方で，労働組合も強い。1999年12月の新聞報道によると，97年末現在，労働組合員数は1,065万人であったが，うち現役組合員が520万人に対し，年金生活者は545万人に倍増（86年末比）し，組合員の過半数となった。この年金生活者も組合員という図式は，イタリアの特徴であろう。2011年のモンティ政権でも労働組合と左派が支持基盤となり，年金問題には手つかずであった。

イタリアにおける年金改革は，1995年のディーニ改革が基本で，それ以降変わっていない。この1995年時点で，加入歴18年以上の年金加入者については，従来どおりの所得比例年金としたことで，所得比例年金から拠出建て年金への移行期間は長期にわたることとなった[14]。2012年現在，所得比例年金のままとなっている世代は，おおむね55歳以上であり，現在の年金受給者とほぼ重なる。結果的に，2012年現在の年金受給者はほとんどが所得比例年金という事態に，イタリア年金負担の根源がある。

4　イタリア国債の動向

以上で明らかにしたように，イタリアにおける年金改革は歴史的経緯があり，単純な展望は持てない。この状況において，国債残高の減少が期待できず，ギリシャやスペイン国債を取り巻く環境から，2011年には急激な利回り上昇（価格低下）が発生した。

図表3-3がイタリアの10年物長期国債（BTP）利回りと6カ月物TB（財務省証券，BOT）の利回り，およびスペインの10年物長期国債利回りを示している。イタリア10年物BTPの利回りは2010年年末には4％台であったが，2011年3

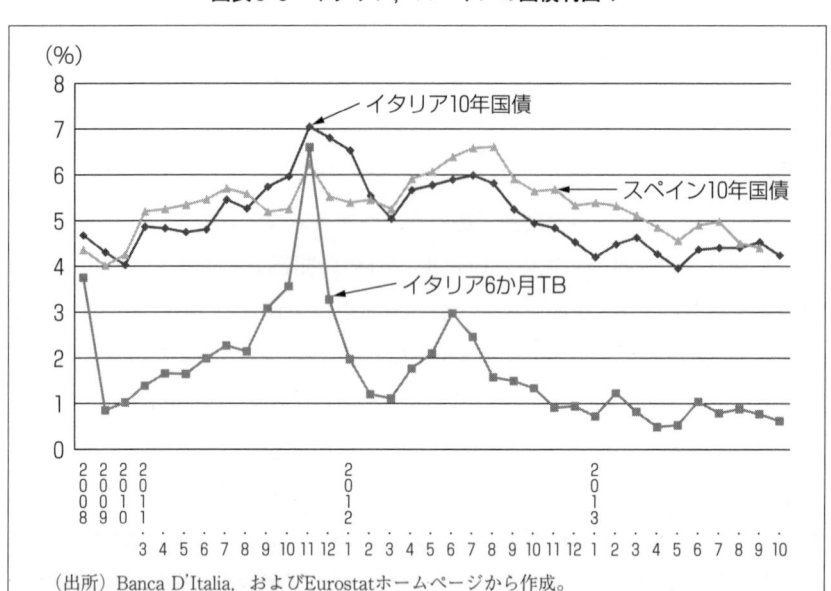

図表3-3　イタリア，スペインの国債利回り

（出所）Banca D'Italia，およびEurostatホームページから作成。

月に4.875％，同年7月に5.463％へと上昇した。さらに同年11月には7.057％へと急騰した。ドイツ国債との利回り格差（イールドスプレッド）は575bp（ベーシスポイント，11月9日）まで拡大した。スペイン国債による影響の他，イタリア国内の動向として，ベルルスコーニ辞任といった政局不安定も影響したと見られる[15]。

また2011年11月には，6か月物BOTの利回りも，6.61％まで上昇し，10年物BTPとの利回り格差は，極めて縮小し，50bp程度となった。これは，投資家が短期的なリスクを極めて警戒していたことを意味する。

こうしたイタリア，スペイン国債の利回り急騰に対し，ECBは直接的な買い切りオペの他，長期レポオペを実施し，ユーロ圏の銀行に対し，潤沢な流動性を供給した。これにより，ユーロ圏の銀行はイタリア国債を含む，ユーロ圏の国債をかなり買い増した，と見られる。イタリアの銀行によるイタリア国債保有額は，2011年2月には2,044億ユーロであったが，2012年2月には2,817億

ユーロまで増加した[16]。こうしたECBの金融緩和を背景に，イタリア国債の利回りは低下した。

2012年7月上旬，ムーディースはイタリア国債の格付けを2ランク引き下げ，A3からBaa2へ引き下げた。Baa2は，ジャンク債（投機的）の2ランク上だけであり，投資適格としては最低水準である。これにより，スペイン国債とイタリア国債の利回り格差は65bpまで縮小した[17]。スペインの場合は，銀行の不良債権問題と財政赤字の拡大が懸念材料であるが，イタリアの場合は，2012年の利払いと国債償還額合計が721億ユーロ，2013年の同額合計が1,649億ユーロであり，この点が問題である。長期国債7％水準が警戒水準とされるが，7％の金利は，10年間の複利で，1.967（1.07の10乗）と，利払い額が倍増を意味するからである。

イタリア国債の海外（Non-resident，以下同じ）保有比率は相対的に低いが，満期償還を迎える国債と単年度の財政赤字を合計した，資金調達必要額は大きい。**図表3-4**は，ユーロ圏各国の資金調達必要額（2012・2013年）と国債の海外保有比率（2011・2013年）を示している。各国の財政にとり，資金調達の必要額は，単年度の財政赤字だけではなく，満期償還を迎え返済が必要な国債を加えた金額である。すでに指摘したように，イタリアの国債残高は2兆ユーロを超えており，恒常的に国債償還に迫られている。したがって国債発行コストが低位に抑制され，借換え発行（特に長期国債）が円滑に可能である限り，問題が顕在化しない。イタリア財政にとって最大の懸念材料は，財政資金調達必要額が巨額であり，その対GDP比率も28％台とユーロ圏で最高水準にある。同比率はスペインで20％台，ポルトガルは23％台で，イタリアが最高である。国債の借換え発行が円滑に実施されない場合，リスクはスペインよりもイタリアで高いことを意味する。

イタリア国債の海外保有比率は43.7％（2011年）から35.8％（2013年）へ低下した。海外投資家が売り，国内銀行が購入したためと見られる。イタリア最大手銀行のユニ・クレディットは，2011年時点で周辺国（南欧）国債を526億ユーロ保有したが，うちイタリア国債が498億ユーロを占める。これは自己資本

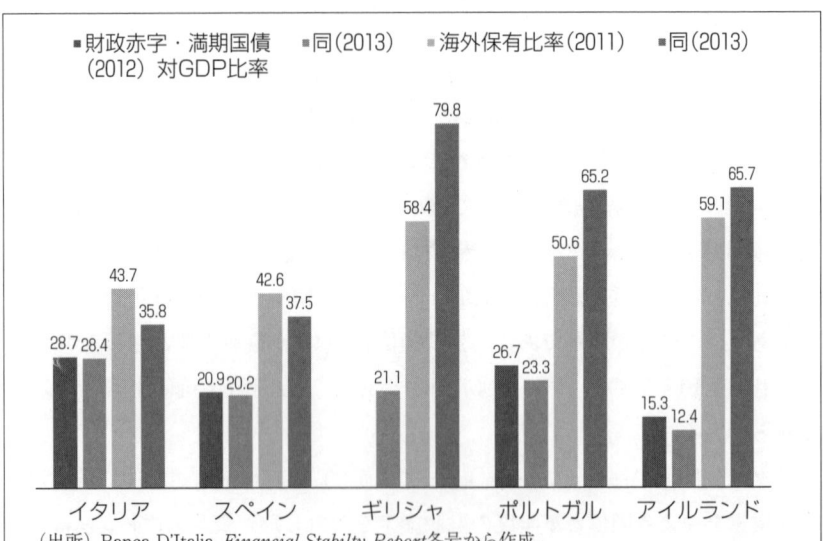

図表3-4　南欧諸国の資金調達必要額と国債の海外保有比率（%）

国	財政赤字・満期国債(2012)対GDP比率	同(2013)	海外保有比率(2011)	同(2013)
イタリア	28.7	28.4	43.7	35.8
スペイン	20.9	20.2	42.6	37.5
ギリシャ	—	21.1	58.4	79.8
ポルトガル	26.7	23.3	50.6	65.2
アイルランド	15.3	12.4	59.1	65.7

（出所）Banca D'Italia, *Financial Stabilty Report*各号から作成。
（注）2013年は同年11月号のデータによる。ギリシャの財政赤字・満期国債(2012)は算出不能。
（注）海外はNon-resident

(Tier1)の121%にあたり，銀行経営上でリスクが少なくない[18]。とはいえ，イタリアでは国内銀行による国債保有が大きいため，相対的には海外投資家による保有シェアは小さい。ポルトガル，ギリシャ，アイルランドではいずれも，海外投資家による保有比率が約65〜80%である（その多くはESMやIMFなどの公的機関と推定）が，イタリアとスペインでは低下している。これは両国とも国内銀行が巨大で，自国国債を保有していることの影響である。

しかし，このことは国債市況が海外投資家によって影響されないことを意味しない。2011年を通じ，海外投資家は大幅に売り越し，国内銀行が漸増，中央銀行（イタリア銀行）の保有が増加した。まず中央銀行による保有であるが，イタリア銀行によるイタリア国債の保有額は，2010年末には664億ユーロであったが，2011年末には894億ユーロに増加し，2013年5月には984億ユーロに達した[19]。ECBによるSMPが開始される前後で，イタリア銀行の国債保有

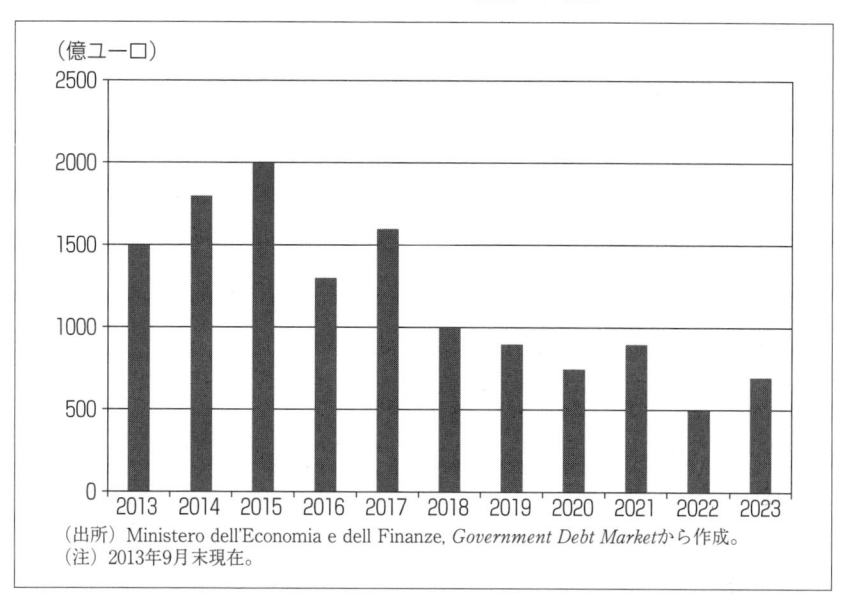

図表3-5　イタリアの国債償還予定額

（出所）Ministero dell'Economia e dell Finanze, *Government Debt Market*から作成。
（注）2013年9月末現在。

は約250億ユーロの増加である。これに対し，国内銀行は3,946億ユーロ（2013年5月現在）でシェア23.2％，海外投資家は6,685億ユーロで39.3％（同）である。したがって海外投資家の保有比率が相対的に低いものの，海外投資家が最大の保有主体であることに変わりない。

　しかし，イタリア財政と国債にとり，最大の問題は，満期償還を迎える国債が高水準で継続することにある。**図表3-5**は，2013年から2023年にかけての，国債満期償還予定額（2013年9月末現在）を示している。2013年は約1,500億ユーロの償還であるが，2014年には約1,800億ユーロ，2015年には約2,000億ユーロと増加する見込みである。ユーロ危機の影響から，国債の平均残存期間が2010年における7.2年から，2013年9月には6.44年に短期化している。このため，2012年には3年物の中期債（BTP）等が多く発行され，2015年の満期償還予定額が大きくなっている。さらに将来的には，財務省証券（BOT）等が上乗せされるため，2015年の満期償還額は増額されることとなろう。

2013年9月現在，イタリアの国債発行は支障なく実施されている。しかし，発行利回りは確実に上昇している。2010年に10年物BTPsの発行利回りは4％台であったが，2012年7月31日に実施された10年物入札発行では，発行利回りは5.96％となった。また2013年11月28日の10年物入札でも4.5％となった[20]。このような状況に鑑みれば，イタリア国債をめぐる環境は楽観視できるものではない。

5　まとめに代えて

　本章で見てきたように，イタリアの財政プライマリーバランスは黒字化しているが，累積財政赤字は大きい。過去の国債発行が巨額であり，借換えによって先延ばししているため，国債残高は減少せず，増加している。ユーロ参加以降，ドイツの信用傘下に入り，長期金利低下のメリットを享受してきたため，安易な国債依存が続いてきた。他方で，イタリア国内の南北経済格差は継続している。

　イタリアの国家財政において，社会保障，とりわけ公的年金が大きな支出項目となってきた。1990年代に出生率が低下したこともあり，公的年金の財政負担が増加してきた。年金の改革問題は，長年の国政上の課題であった。現行の年金制度を規定した改革は，1995年のディーニ改革であったが，実質的に2013年時点の年金受給者を対象外とした（所得比例年金から拠出建て年金への移行で，対象外）。このため，現在の年金をめぐる財政負担膨張を招いている。

　イタリア長期国債の利回りは2011年11月に7％台へ上昇した後，2013年12月まで低下した。しかし高水準の国債償還が続くため，償還資金の手当が必要という点で，スペインよりもイタリアは深刻である。イタリアでは国債の海外保有比率は従来からも，相対的には低かったが，2013年現在，海外投資家の売り越しによって，一層低下していると言われる。国内銀行等が買い越しているが，国内銀行が国債の評価損（もしくは実現損）を抱えれば，銀行の自己資本問題とも関わって，金融危機へとつながっていく可能性は残っている。

注）
1） 代田　純,『ユーロと国債デフォルト危機』, 2012年, 税務経理協会ではイタリアについて未検討であった。
2） R.ボナヴォーリア編, 岡本義行他訳,『イタリアの金融・経済とEC統合』, 日本経済評論社, 1992年
3） 伊藤　武「現代イタリアにおける年金改革の政治」(『専修法学論集』, 98号, 2006年11月)
4） 工藤裕子「イタリアの特別州に見る政府間関係・行政イノベーション・財政分権化」(http://www.clair.or.jp/j/forum/pub/docs/h23_hikaku_houkokusyo06.pdf)
5） 拙稿,「ギリシャ債務構造の現状と展望」,『証券レビュー』, 2012年4月号を参照。
6） ティエリ・クルタン著, 上瀬倫子訳,『世界のマフィア』, 緑風出版, 2006年
モンティ首相は2012年7月18日, シチリアの地方債デフォルトに懸念を示し, 同時にシチリア知事に辞任を求めたが, シチリア知事をマフィアとの関係で調査中としていた。*Financial Times*, July 18, 2012および*La Repubblica*, 18 luglio, 2012
7） イタリア共産党は1990年の第20回党大会で, 共産党を解党し, 左翼民主党となった。この点は, 後房雄編著,『大転換』, 窓社, 1991年参照。イタリアの労働運動の史的展開については, 山崎功,『イタリア労働運動史』, 青木書店, 1970年参照。
8） イタリアの女性の就業率は1998年に40％台であり, EU諸国では最も低い。
Daniela Del Boca, Marilena Locatelli and Silvia Pasqua, "Earnings and Employment Of Italian Husbands and Wives in the European Context", edited by Daniela Del Boca And Margherita Repetto-Alaia, *Women's Work, the Family, & Social Policy*, Peter Lang, 2003, pp65-82
イタリアでは女性を採用する際,「白紙の辞表」があると言われる。妊娠したら, 事業主が日付を入れて解雇するため, 採用時に日付空欄のまま, サインさせると言われる。朝日新聞, 2012年4月29日「イタリアの労働環境」
9） 前掲, 伊藤, 2006, および厚生年金基金連合会編,『海外の年金制度』, 東洋経済, 2002年を参照。
10） スペインにおいても, 事業主による年金拠出負担率は高く, 2001年現在, 年金の対給与拠出率は事業主が23.6％, 従業員が4.7％となっている。また老齢依存率（16～64歳人口に対する64歳以上人口の比率）は16.1％（1971年）から24.3％まで上昇した。
Pedro Sainz de Baranda, "Social Security Reform in Spain", edited by Franco Modigliani and Arun　Muralidhar, *Rethinking Pension Reform*, Cambridge, 2005,

  pp145-188
11) *Financial Times*, July 3, 2012, July 17
12) 1990年代後半で，イタリアのジニ係数は0.316であり，ユーロ圏では最も高い（所得格差が大きい）。Daniela Del Boca And Margherita Repetto-Alaia (2003), ibid, p167
13) Massimo Antichi and Felice Roberto Pittuzi, "The public pension system in italy : Observations on the recent reforms, methods of control and their application", edited by Emmanuel Reynaud, *Social dialogue and pension reform*, International Labour Office, 2000, pp81-96
14) Robert Holzmann, Landis MacKellar, and Michel Rutkowski, "Accelerating the European Pension Reform Agenda : Need, Progress, and Conceptual Underpinnings" edited by Robert Holzmann, Mitchell Orenstein, and Michel Rutkowski, *Pension Reform in Europe : Process and Progress*, The World Bank, 2003, pp1〜45
15) *La Repubblica*, 25 Luglio, 2012
16) Banca D'Italia, *Economic Bulletin*, No.64, April 12, p 32
17) *Financial Times*, July 17, 2012
18) EBA, 2011 EU Capital Exercise, http://www.eba.europa.eu/capitalexercise/2011
19) Banca D'Italia, *Supplement to the Statistical Bulletin, Monetary and Financial Indicators, The Financial Market,* No.35, 2012, p8
20) Ministere dell'Economia e delle Finanze, Auction Results : 10 YEAR BTP Date : July 30, 2012-July 31, 2012, November 28-29, 2013

第4章 スペインの自治政府財政と不良債権問題

スペインの問題点は，自治政府の財政赤字と不動産向け銀行貸出の不良債権である。自治政府は徴税権を持たず，中央政府からの補助金に依存してきたが，一般政府での財政赤字抑制のために，補助金が削減されてきた。また不動産関係の不良債権比率は2013年まで上昇してきた。

1 はじめに

　スペインについては，2012年を通じ，ユーロ関連で最も注目された動向とも言える。スペインにおける懸念材料は大きく2つある。ひとつは，銀行が不動産・建設業に過剰融資し，不良債権が増加している問題である。この銀行の不良債権問題は峠を越えつつあるとの指摘も聞かれるが，統計からは依然として増加途上にある。さらに，第二の問題はカタルーニャやバスクなどを中心として，自治政府と呼ばれる州財政赤字問題である。もともと，スペインでは自治政府である州財政の規模が大きい。これは1970年代までのフランコ独裁時代に，民族自立を弾圧したため，独裁以降その反動で地方や民族の自立性や自主権を大きく認めてきた面もある。しかし，カタルーニャなど自治政府側の主張では，税源の自主性がなく，中央政府からの補助金が削減されてきたため，自治政府の財政赤字が膨張してきた。自治政府の財政問題は，2012年12月現在，カタルーニャやバスクなどの独立問題となっている。カタルーニャやバスクは経済水準も高く，スペイン北部に位置し，フランスとの国境に近い。また独自の言語が使用され，文化面でも独自性が強い。

　最近，ユーロ危機とイタリア，スペインについては，相次いで研究成果が公表されている。第一に，アメリカのピーターソン国際経済研究所が中心となって，ユーロ危機とユーロ参加国の関係を分析したものがある[1]。スペインに関し，

二大問題であるカハの不良債権問題，自治政府の財政と独立問題も言及されている。カハ（地域金融機関）は未上場であり，株主がおらずガバナンスが機能しない。カハの理事会は地域の政治家が中心で，地域のプロジェクトに政治家の意向で貸出される。1990年代以降，カハへの規制は緩和され，地域外（海外含む）への貸出が増加し，不動産関係のリスクが増加した。

第二に，ヨーロッパにおける金融危機の影響を分析し，特にスペインについても検討したものがある。この研究によると，2007年以降のスペイン経済の問題（財政赤字，失業，高インフレ）は，スペイン経済が現代化された過程に起因しており，1990年代までに競争力を高める改革を怠ってきたことの帰結だという。スペインは1970年代までフランコ独裁体制であり，国営企業と家族所有の企業に依存していた。その後，重工業，観光，インフラ投資が経済の三本柱となっていったが，1970年代後半以降，失業，財政赤字，高インフレが始まり，今日まで続くという[2]。

第三に，スペインとポルトガルにおける金融機関と金融市場に関し分析したものがある。後述するように，スペインの銀行として，カハ（英語ではSaving Bank）は大きな位置を占め，現在でも焦点となっている。スペインのカハの起源は1834年まで遡る。1962年にはフランコ独裁体制の下，金融・銀行規制法によって統制が強まった。1970年代までカハは地域経済を発展させるため，営業地域を限定されていた。1985年にカハの数は77であったが，2006年には46まで減少した[3]。

第四に，EU各国の銀行業の構造を検討したものがある。この研究では各国における銀行数，支店数，寡占度等が重視される。2008年現在，イタリアの銀行数は818，支店数は34,139，同順でスペインは362，46,065である。二国とも支店数が多いことが特徴である。特にスペインの支店数は全EUの19.4％を占め，2001年以降増加してきた[4]。以上のような従来の研究成果に立脚しつつ，以下でスペインの自治政府財政と不良債権問題を中心に検討する。

56

2 スペインの財政と自治政府

スペインの政府は四層構造と言われる。すなわち中央政府，自治政府（autonomous regional government），地方政府（provincial government），そして市町村政府（municipal government）である。スペイン国民の大多数は市町村に住むが，財政上の権力は上位政府にある。自治政府は住民に課税する権限なしに，中央政府からの資金移転を受け取っている。自治政府は資産や遺産相続関係の課税を廃止してきた一方，本来よりも多くを支出しがちである。さらに異なる政府間で，財政責任の区分が曖昧であり，多くの支出が複数の政府によって二重化されている。結果として，財政支出は極めて不効率とされる[5]。

図表4-1はスペインの一般政府財政赤字の対GDP比率，中央政府と自治政府の赤字額を示している。一般財政赤字の対GDP比率は，2009年には-11.2％であったが，2010年には-9.4％，2011年には-8.6％と縮小してきた。しかし，2012年には再び-10.6％へ赤字は拡大した。2011年には自治政府の赤

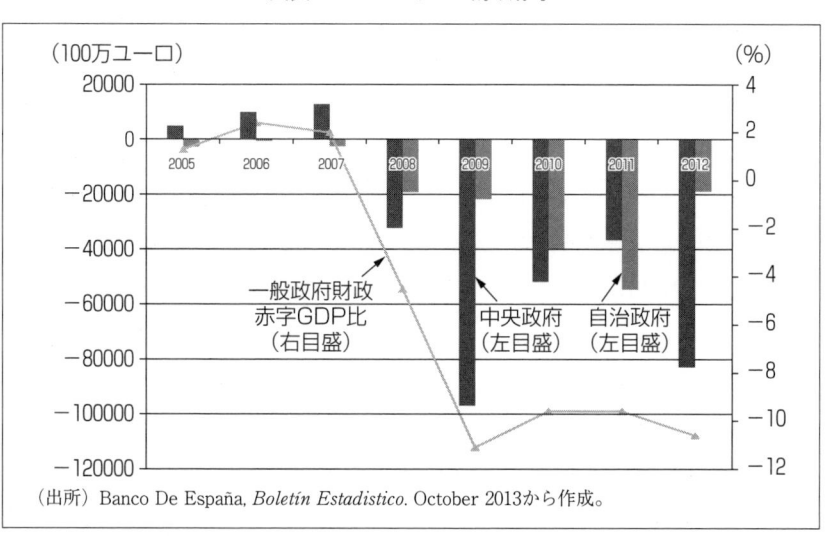

図表4-1　スペインの財政赤字

（出所）Banco De España, *Boletín Estadistico*. October 2013から作成。

字が増加し，中央政府の赤字よりも大きくなったことが注目される。自治政府の赤字は2009年には216億ユーロで，中央政府の赤字970億の5分の1程度であった。しかし2011年には自治政府の赤字は546億ユーロで，中央政府の赤字365億ユーロを大きく上回った。自治政府の赤字拡大には，すでに述べたように，徴税権がないまま，中央政府からの補助金が削減されたこと等が影響していよう。中央政府が自治政府への資金移転を減少させることで，一般政府の赤字を縮小させようとした。

　自治政府の債務残高を見ると，総額で910億ユーロ（2009年末）から1,940億ユーロ（2013年6月末，以下同じ）へ急増している。カタルーニア（州都バルセロナ）が526億ユーロと最大で，次いでバレンシアが292億ユーロ，マドリードが227億ユーロ，アンダルシアが213億ユーロ，ラ・マンチャが103億ユーロ，バスクが83億ユーロと続いている。これらの自治政府の債務形態は総額1,940億ユーロに対し，債券が619億ユーロ（短期債12億ユーロ，長期債607億ユーロ），借入金が1,321億ユーロ（短期借入120億ユーロ，長期借入420億ユーロ），海外からの銀行借入が281億ユーロとなっている。この他に，中央政府からの借入が約450億ある。すなわち長期債と長期銀行借入が中心である。

　カタルーニャの場合も，債務総額526億ユーロに対し，短期債が10億ユーロ，長期債が153億ユーロ，短期銀行借入が40億ユーロ，長期銀行借入が80億ユーロ，中央政府からの借入が153億ユーロある[6]。注目されることは，自治政府17州のなかで，短期債を発行していた自治政府はアンダルシア，カタルーニャ，ムルシア，バレンシア等であるが，4州いずれもが，中央政府へ支援要請したことである。短期債の償還期限が迫り，またカハなど地元の金融機関も不良債権の増加で，貸出に応じてもらえない状況で，4州は財政支援を要請したと見られる。またユーロ危機により，スペインの自治政府が債券を起債できなかったことも影響している。

　図表4-2は主要な州の1人あたりGDP（EU平均を100とする指数），債務残高，同GDP比，失業率，人口を見たものである。自治政府のなかで，カタルーニャは経済的に最大規模であるが，アンダルシア（人口で最大の自治政府）などとな

第4章　スペインの自治政府財政と不良債権問題

図表4-2　スペインの州別経済指標

	1人GDP (2009年) EU平均=100	債務残高 (2013年6月, 100万€)	同GDP比 (2013年 6月, %)	失業率 (2011年, %)	人口 (2011年, 千人)
マドリード	136	22,650	12.1	16.7	6,369
バスク	134	8,279	12.8	12	2,140
カタルーニア	120	52,555	26.6	19.2	7,334
アンダルシア	79	21,251	15.2	30.4	8,256
ラ・マンチャ	83	10,348	28.8	22.9	2,047
バレンシア	91	29,235	29.4	24.5	5,004

（出所）European Investment Bank, *Annual Report 2012*, Banco De Espana, *Boletin Estadistico*, October 2013から作成。

らび，中央政府の財政緊縮（補助金削減）に2012年7月から抵抗していた[7]。しかし7月にはバレンシアが中央政府に救済を要請し，8月にはカタルーニャ，9月にはアンダルシアがそれぞれ救済要請となった。イタリアほどではないにせよ，スペインでも地域間で経済格差があり，マドリードやバスクでは1人あたりGDPは130以上あり，失業率も12～17％程度である。しかしアンダルシアやラ・マンチャでは1人あたりGDPも80程度に過ぎず，失業率も23～30％程度ある。バスクは経済水準も高く，債務残高も小さいが，その分独立志向も強い。

3　スペイン国債の利回り

　自治政府の財政逼迫と同時に，中央政府の国債（中央政府債）も影響された。すでに**図表3-3**でスペイン国債利回りは示したが，2011年11月と2012年6～8月に6％台へ上昇した。スペインの国債残存期間構成を見ると，残存期間「5～10年」と「10年超」を合計した残高は，2006年には1,305億ユーロで，残高構成比42.2％であった。しかし，2013年9月には2,821億ユーロで，同じく37.6％へ低下している。他方で，「1年未満」と「1～2年」の合計は，同じく

59

2006年には926億ユーロで、残高構成比30%であったが、2013年9月には2,684億ユーロで、残高構成比は35.7%へ上昇した。すなわち、長期債の比重が低下する一方、短期債の比重が高まったことになる。長期債利回りが上昇したこと、ユーロ危機以降長期債の起債が中断されたこと等が影響していると見られる。

　短期債利回りも急騰した月が見られた。2009年には年平均で6か月TBの発行利回りは0.81%であったが、2011年には2.37%へ上昇した。また2013年9月には0.65%に沈静化したが、2012年6月には3.07%へ急騰した。2012年6月下旬には30.8億ユーロのTBを入札発行したが、スペイン系銀行の格下げもあり、6か月TBの場合、前月の利回り1.737%から3.237%へ上昇した。また入札募集額にたいする応募額の倍率も、前月の4.3倍から2.8倍に低下した[8]。

　しかし、10年物など長期債利回りはより深刻であった。2012年6月には6.4%（平均加重発行利回り）に上昇した。さらに7月、しばしば7%台に上昇した。EU首脳は7月上旬にユーロ危機対策を打ち出したものの、EUによる政策実施の遅延が懸念されたため、とされる[9]。また10年物長期債は3月と5月には起債できなかった。

　さらにユーロ危機に伴い、スペインのイールドカーブはスティープ化（短期債利回りから急速に利回りが上昇）し、3〜5年債の利回りが10年債利回りに近づいた。2012年6月には、3年債の発行利回りは5.46%となり、10年債発行利回り6.04%とのスプレッドは0.58まで縮小した。同年4月には3年債と10年債のスプレッドは2.28ポイントあったので、急速に縮小した。流通利回りでもイールドカーブの急速なスティープ化が発生した[10]。

　このように、長期債利回りを中心に上昇し、長期債については起債の中止も発生した。ではこうした長期債を中心とする国債利回りの上昇は、どのような投資家の売買行動によって惹起されたのであろうか。**図表4-3**はスペイン政府債の投資家別純買い越し額を示す。2011年以降、国内金融機関が基本的には買い越しの中心であった。国内金融機関は、2011年には374億ユーロを買い越した。さらに2012年には971億ユーロを買い越した。ECBが長期レポオペを2011年12月と2012年3月に大規模に実施しており、スペインの国内銀行は潤

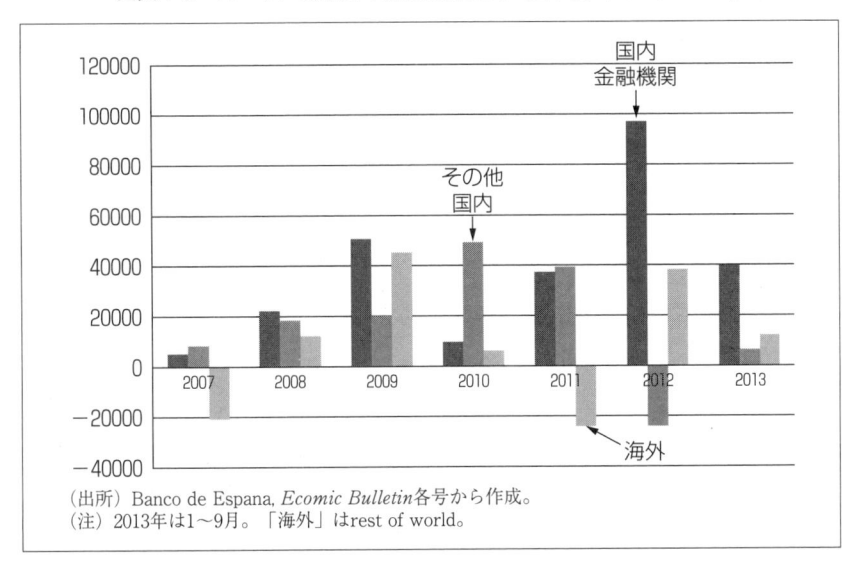

図表4-3　スペイン政府債の投資家別純買い越し額（100万ユーロ）

（出所）Banco de Espana, *Ecomic Bulletin* 各号から作成。
（注）2013年は1〜9月。「海外」はrest of world。

沢な流動性を供給されて，国債を買い増したと見られる。

　他方，最も売り越してきた投資家は海外投資家であった。海外投資家は2011年4月までは買い越してきたが，2011年通年で240億ユーロ売り越した。また2012年前半は売り越していたが，後半から買い越しに転じ，12月には489億ユーロの買い越しとなった。2012年3月と5月には，すでに指摘したが，10年物国債の起債中止，長期債利回りの上昇が起こっており，海外投資家の売りが主因であった，と見られる。2013年に入り，海外投資家は9月までで65億ユーロの買い越しとなっており，落ち着きつつある。海外投資家は2007年には206億ユーロ売り越し，逆に2009年には453億ユーロと大幅に買い越してきたが，その変動は極めて大きいと言える。

4　スペインの銀行と不良債権

　現在，スペインの重要な問題は，自治政府など地方財政と，銀行の不良債権

問題である。金融危機（リーマンショック）が発生するまで，銀行の貸出が急増していた。**図表4-4**はスペインにおける金融機関の合計バランスシートである。第一に，貸出は2006年における1兆9,822億ユーロから，2008年には2兆4,392億ユーロに増加した。2年間で23.1％の増加であり，年率換算しても10.9％の増加であった。しかし2008年のピークから，2013年8月には1兆9,769億ユーロに19％減少した。以下で明らかにするように，不良債権の増加により，貸出は抑制されている。この点に関連して，預貸率を見ると，2007年には109.3％であったが，2013年8月には91.9％まで低下した。急速な貸出増加の後に，貸出が縮小している。

　第二に，不良債権は2006年には116億ユーロで，国内貸出における比率も0.8％であったが，2013年8月には不良債権は1,863億ユーロとなり，不良債権比率は12.5％へ上昇した。**図表4-5**でも明らかにするように，不動産業関係での不良債権が中心である。不良債権に関する指標では，貸倒引当率が注目される（**図表4-4**参照）。不良債権残高に対する貸倒引当金の比率で算出しているが，2006年から2007年にかけては，200％以上で推移しているが，2008年以降に急速に低下した。2008年には74％，2009年には67％へ低下した。2012年以降，100％以上に回復した。2008年以降2011年までは，不良債権の発生が急速であり，貸倒引当金の計上が追いつかない状態となっていた。

　第三に，資産における債券の比率は，一般政府債を中心として，上昇している。一般政府債は2006年には764億ユーロで，資産において3％であったが，2013年8月には3,027億ユーロで，同じく9.6％まで上昇した。ECBによるレポオペで流動性が供給され，この資金で国債など政府債を購入したと見られる。イタリアの銀行と同様，銀行債の借換え問題もあり，資金調達の関係で，流動性の高い資産形態が志向されたこともあろう。

　第四に，資金調達面では，まず預金が伸び悩んでいる。預金は2006年に1兆8,201億ユーロであったが，2008年に2兆3,283億ユーロへ増加した後，2013年8月には2兆1,502億ユーロへ縮小した。これは主として，貸出が伸び悩んだことを反映していようが，一部はドイツの銀行等へシフトしたものと推定される。

第4章　スペインの自治政府財政と不良債権問題

図表4-4　スペイン金融機関バランスシート

(100万ユーロ、%)

	2006	2007	2008	2009	2010	2011	2012	2013年8月
貸出	1,982,223	2,303,674	2,439,203	2,385,126	2,386,643	2,357,167	2,229,669	1,976,894
(国内居住者向け)	1,508,626	1,760,213	1,869,882	1,837,037	1,843,950	1,782,554	1,604,934	1,490,315
債券	219,754	267,909	325,706	415,445	383,761	405,582	508,991	552,079
(国内一般政府債)	76,439	79,423	100,316	154,689	164,721	198,017	246,843	302,693
株式	151,889	183,617	171,892	184,051	180,477	250,830	257,501	274,959
不良債権	11,626	17,147	65,617	96,846	111,014	143,470	172,225	186,264
総資産（合計）	2,517,121	2,946,499	3,223,716	3,238,236	3,251,535	3,400,435	3,422,611	3,163,079
預金	1,820,081	2,108,131	2,328,336	2,320,191	2,300,219	2,307,138	2,297,865	2,150,221
(信用システムからの預金)	228,281	268,638	314,984	304,979	289,668	372,668	572,928	440,459
債券	352,634	426,416	395,204	434,134	432,892	434,512	394,300	319,831
株式	148,787	174,922	180,567	190,369	178,166	220,161	195,221	226,215
貸倒引当金	30,999	37,572	48,532	64,793	90,703	125,258	192,578	190,513
総負債・資本（合計）	2,517,121	2,946,499	3,223,716	3,238,236	3,251,535	3,400,435	3,422,611	3,163,079
預貸率	108.9	109.3	104.8	102.8	103.8	102.2	97	91.9
政府債・総資産比率	3.04	2.7	3.11	4.78	5.07	5.82	7.2	9.6
不良債権・国内貸出比率	0.8	0.97	3.5	5.27	6.02	8.05	10.73	12.5
債券（調達）比率	14	14.47	12.26	13.41	13.31	12.78	11.52	10.11
貸倒引当率	266.6	219.1	73.96	66.9	81.7	87.3	111.82	102.28

(出所) Banco De Espana, *Boletin Estadistico* 各号から作成。
(注) 債券（調達）比率＝債券÷総負債・資本
　　 貸倒引当率＝貸倒引当金÷不良債権

63

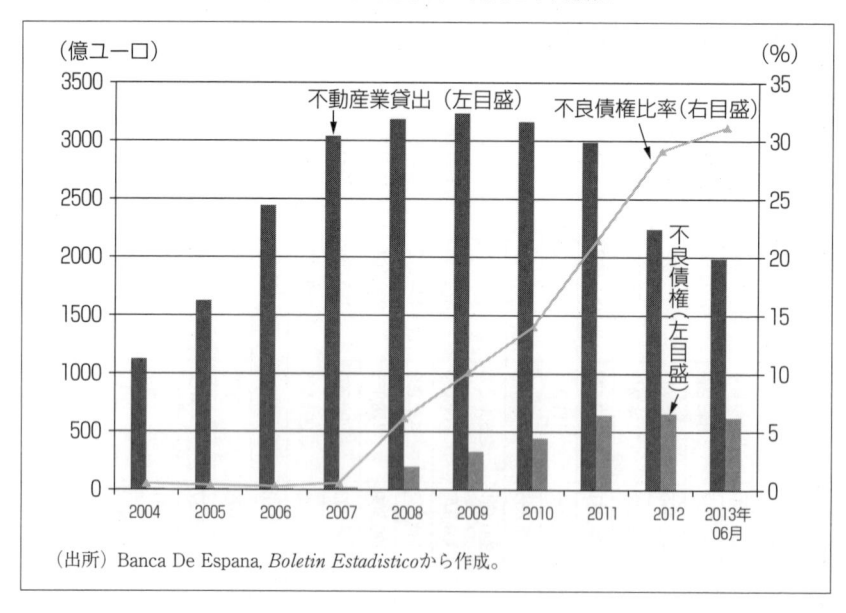

図表4-5 不動産業向け貸出と不良債権

（出所）Banca De Espana, *Boletin Estadistico*から作成。

　報道によると，スペインを含む南欧諸国の銀行では，銀行預金の減少が2011年以降発生していると言われる[11]。

　第五に，預金の内数として，「信用システムからの預金」という項目があり，これはECBの長期レポオペによる貸出（民間銀行からは預金）を含むと見られる。信用システムからの預金は，2006年には2,282億ユーロであったが，2012年末には5,729億ユーロまで増加した。ECBが期間3年の長期レポオペを実施し，スペインの銀行に資金供給したため，である。

　第六に，資金調達面における債券の比重は低下している。債券による資金調達残高は2009年には4,341億ユーロであったが，2013年8月には3,198億ユーロに減少した。債券による調達比率も2007年における14.47％から，2013年8月には10.11％まで低下した。スペインなど南欧における銀行への信用が低下し，利回りが上昇し，債券発行が減少しているため，である。もともと欧州の銀行は債券発行などホールセール市場での資金調達が大きいので，深刻化した。

ついでスペインの民間銀行による不動産業向け貸出と不良債権を見たものが，**図表4-5**である。スペインにおいて不動産業向け貸出は急増しており，2004年には1,121億ユーロであったが，2009年には3,230億ユーロまで，3倍近い増加となった。もともとスペインはユーロ導入前，高金利国であった。しかしユーロ導入によって，金利が急速に低下し，住宅や不動産向けの貸出が急増した。不動産向け貸出の増加は，主としてカハが中心であった。2006年に住宅ローンの増加率は10.3％であったが，うち8.8％分はカハによる住宅ローンの増加であった。こうした貸出増加は金融危機の発生によって急変した。

　スペインにおける住宅価格を見ると，2000年から2005年（すなわちユーロ導入前後）にかけて年10％以上の上昇が続いた。しかし2008年から住宅価格は急落し，2008年から2009年にかけては，-5％から-10％程度の下落となった。2000年から2005年にかけて，住宅価格が上昇したことは，海外からの移民流入（富裕層を含む）が影響したと言われる。別荘需要や老後生活のため，スペインに住宅を購入する非居住者が増加したため，である。またユーロ圏からはユーロ導入によって，住宅購入による為替リスクが消滅したことも影響した。金融機関も金融技術の発達，すなわち証券化やカバードボンドの普及によって，海外からの資金調達が容易になり，与信が拡大した。2000年の12月から2007年の6月までで，スペインの金融機関によって発行された債券の77％が海外の金融機関によって購入されたと言われる[12]。

　銀行など金融機関からの貸出は急増した後，急減した。不動産業向け貸出は2013年6月現在，1,984億ユーロまで減少した。同時に，不動産業での不良債権が急増し，2007年には約16億ユーロであったが，2012年には650億ユーロまで増加した。これに伴い，不動産業向け貸出に対する不良債権比率は，2007年には0.53％であったが，2010年には13.98％，2012年には29.1％まで急上昇した。2013年6月には不良債権は618億ユーロへ減少したが，同比率は31％へ上昇しており，この問題が解消したわけではない。

　これに伴い，個別行でも不良債権が急増した。2012年6月25日，スペインはユーロ圏諸国に対し，銀行に対する救済資金として1,000億ユーロを要請し

た[13]。この要請は，ドイツ議会がスペインの銀行救済を認めたことで，実質的に承認された[14]。スペインの銀行救済は，EFSF（欧州金融安定化基金，現在はESMへ継承）によって，最大1,000億ユーロまで支出可能となっている。しかし，サンタンデールなど大手行でも，不動産業向けの不良債権が増加している。サンタンデールは2012年上半期に，不動産業向けの引当金で13億ユーロの計上を余儀なくされた。このため，同行の純利益は半減となった。サンタンデールはEFSFによる救済資金の対象とはならないとされるが，不動産業向け貸出に対する不良債権比率は5.98％（前年比1.17％増）へ上昇した[15]。

　こうした状況で，スペインのカハ（cajas de ahorros，英語表記はsaving bank，ドイツ語表記はsparkasse，地域的な貯蓄銀行）も不動産業向け不良債権を抱え，経営統合のため，合併が進んだ。カハは200年を超える歴史を有しているが，最近まで営業地域を制約されてきた。カハは上場されておらず，株式会社ではなく株主もいない。カハは財団として運営され，カハスールのようにカトリック教会が運営しているケースもある。カハは利益の約25％のみ（スペインの上場銀行の配当性向は50％程度）を社会的配当として支払い，地域に投資してきた。これは地域の福祉プロジェクトなどが中心であった。

　カハは銀行との競争上は有利であったが，問題はガバナンス（統治）にあったと言われる。カハの理事会は多くが地元の政治家から構成され，未払いに終わったプロジェクトに融資することもあった。またカハの理事会には地元の政治家が多く，結果的に地元の建設・不動産に資金が流れた傾向も指摘される[16]。

　最近14年間で，カハの地域的な営業規制は緩和され，元来の営業地域外に貸出が増加した。カハはスペイン全土にまたがり支店網を拡張し，ラテンアメリカを含む海外にも進出した。特にスペインの銀行は，中南米に積極的に進出した[17]。こうしたカハの拡張は，不動産や住宅において予想以上にリスクを高めることともなった。不幸にも，カハはこうした拡張のなかで，金融危機と住宅バブルの崩壊に遭遇した。

　中央政府とスペイン中央銀行によってとられた，カハ改革の第1歩は，FROB（Fondo de Reestructuracion Ordenada Bancaria，銀行再編基金）設立であった。

FROBは360億ユーロの政府基金であり，再生できないカハを流動化し，再生できるカハを支援するために設立された。FROBの支援は，25％の支店削減と18％の雇用削減を条件としている[18]。

カハ改革の第二は，カハの規制を改革することであった。全てのカハは合併させ，IPOによって1年以内に上場することが求められた。47あったカハは，合併により15グループとなり，数はいまだ減少している。スペイン中央銀行の資料では，2010年にカハ（貯蓄銀行）は36あったが，2012年には2に減った。2010年には貯蓄銀行同士のM＆Aが7件（バンキア関連等）あり，16行が合併もしくは買収された。カハ（貯蓄銀行）の合併と同時に，商業銀行への転換が進み，商業銀行数は2010年の52から，2011年には59へ増加した。ただ商業銀行間でも2012年に5件のM＆Aがあり，商業銀行数は2012年に54となった[19]。

こうしたプロセスを経て，カハの合併により，バンキアが誕生した。バンキアは2010年7月30日，カハ・マドリッド，カハ・バレンシア，バンカーヤ，カハ・カナリアなど7つのカハが合併することにより誕生した。バンキアの合併にあたっては，SIP方式（受け皿法人の設立による合併）がとられ，FROBからの援助資金は約45億ユーロで，カハへの援助として最大であった。2011年7月20日以来，スペイン株式市場でバンキアは取引（上場）され，2011年10月以来，IBEX35指数の構成銘柄となっている[20]。バンキアの国内支店だけで約3,000あり（スペインの銀行支店数の10.4％），海外10か国にも進出している。

スペイン政府は2012年5月にバンキアを国有化したが，スペインの不動産危機によって，政府は最大240億ユーロまでの資金をバンキアに注入した[21]。バンカーズ誌に掲載されているカハ（7のカハがバンキアとして合併）は2009年には4行であった。2009年にスペインでの銀行ランキング4位（1位はサンタンデール，2位はBBVA，3位はカハ・バルセロナ）がカハ・マドリッドであり，総資産は2,518億ドルで前年比7.7％増，自己資本（Tier1）は134.4億ドルで8％減，Tier1比率は前年の6.24％から5.34％へ低下した。不良債権比率はすでに4.87％で高かった。第6位はバンカーヤであり，やはりTier1は8.2％の減少であった。第44位がカハ・カナリア（Caja Insular de Ahorros de Canarias）で，すでに2009

年時点でもTier1比率は4％台に低下していた[22]。2010年7月に，これらのカハが合併し，バンキアが誕生したが，スペインで第5位の銀行となった。しかし，2011年年末時点で不良債権比率は8.4％に上昇しており，資金繰りが悪化して，2012年5月に破綻し，国有化されたと見られる[23]。

5　EBAによる資本過不足調査

　バンキアの破綻とならび，EUでは銀行に対する資本過不足調査がEBA（欧州銀行監督機構）により実施されている。**図表4-6**はEBAが2012年10月に公表した資本過不足に関する調査結果である。上段が2011年12月時点であり，下段が2012年6月時点である。スペイン最大手行のサンタンデールの場合，2011年12月には資本不足が1億9,300万ユーロであったが，2012年6月には資本が3億6,800万ユーロ余剰となっている。この計算方法であるが，RWA（リスク・ウエイト・アセット）の9％を基準として，コアTier1資本の過不足で算出されている。コアTier1資本は，普通株，および2012年10月31日までに普通株に転換される優先株（Hybrids）等の合計である。RWAに9％を乗じ，その基準額に対し，コアTier1が不足する場合と超過（余剰）する場合が出てくる。そして，この過不足額に対し，さらにソブリン・キャピタル・バッファーが加えられる。このソブリン・キャピタル・バッファーとは，国債に関するプルーデンシャル・フィルター（Prudential Filter）および時価と簿価の差額の合計である。まずプルーデンシャル・フィルターとは，AFS（Available for Sale Assets）ソブリン資産に関する未実現損益を指す[24]。また国債に関する時価と簿価の差額は，国債のブック・バリュー（book value）とフェア・バリュー（fair value）の差額である。すなわち，国債の未実現損益や含み損益は，国債のバッファーと位置づけられる。RWAの9％という基準に対し，キャピタル・バッファーが加えられて（損失の場合は差し引きされて），最終的な資本過不足が算出されている。

　図表4-6によると，スペインの4行はすべてマイナス（すなわち資本余剰）であり，資本不足はないとされている。またイタリアの5行についても，4行が

第4章　スペインの自治政府財政と不良債権問題

図表4-6　EBAによる調査結果 (Recapitalization exercise)

(100万ユーロ、％)

	イタリア国債	ポルトガル国債	スペイン国債	ギリシャ国債	アイルランド国債	国債合計	Tier1資本	国債比率	資本過不足
スペイン系銀行									
サンタンデール	449	2,647	48,298	84	0	51,478	52,845	97.4	193
	398	3,698	55,326	0	0	59,422	52,998	112.1	-368
バンコ・ポピュラール・エスパニョール	209	408	9,917	0	0	10,534	6,528	161.4	2,336
	209	475	14,916	0	0	15,600	9,980	156.3	-326
カハ・バルセロナ	0	0	24,748	0	0	24,748	13,896	178.1	36
	146	0	28,150	0	0	28,296	15,972	177.2	-2,671
BBVA	4,375	268	53,558	99	0	58,300	31,079	187.6	1,043
	3,506	327	54,142	28	0	58,003	32,745	177.1	-592
イタリア系銀行									
ユニクレジット	44,236	55	2,062	551	60	46,964	38,372	122.4	5,201
	49,064	24	1,865	44	50	51,047	46,377	110.1	-3,848
バンコ・ポピュラーレ	13,445	0	199	23	0	13,667	6,349	215.3	2,128
	15,396	0	194	0	0	15,590	6,017	259.1	-359
インテッサ・サンパオロ	53,443	63	1,212	867	120	55,705	32,797	169.8	-3,789
	71,443	35	1,084	0	96	72,658	33,762	215.2	-6,010
UBIバンカ	8,221	0	0	0	0	8,221	7,787	105.6	1,271
	18,214	0	0	0	0	18,214	7,848	232.1	-181
バンカ・モンテ・デル・パッシ・シエナ	28,402	159	281	20	1	28,863	10,035	287.6	2,919
	30,054	195	275	1	1	30,526	10,413	293.2	1,728

(出所) EBA, Capital Exercise-Final results
(注) ① 国債合計は上記5か国の合計である。
② 国債比率＝国債合計÷Tier1資本
③ 資本過不足はRWAの9％に対するもの。「－(マイナス)」が余剰示す。
④ 上段が2011年12月、下段が2012年6月の調査結果。

資本余剰とされ，バンカ・モンテ・デル・パッシ・シエナだけが資本不足とされた。スペインとイタリア以外でも，基準の9％（ソブリン・バッファー控除後）を下回ったのは，バンク・オブ・キプロスが5.97％，キプロス・ポピュラー・バンクが4.2％，ノバ・クレディット・バンカ・マリボールが7.38％の3行だけであった。

　そもそもRWA計算上，国債はリスクゼロとされ，含まれていない。国債保有額がRWAから控除されており，このためRWAは小さくなる。分母が小さくなるため，分子を普通株等に限定しても，自己資本比率は高くなりやすい。しかし，各銀行の国債保有額は**図表4-6**が示すように大きく，自己資本（Tier1）を大きく上回っている。スペインの銀行では，国債保有額（**図表4-6**のPIIGS国債合計であり，独仏等の国債は含まれていない）の対自己資本比率は200％を超えてはいない。しかしスペインの場合でも，全体として国債保有額の対自己資本比率は上昇傾向にある。さらにイタリアの銀行では，国債保有額の対自己資本比率は200％を超えることが多く，バンコ・ポピュラールで259％，インテッサ・サンパオロで215％，UBIバンカで232％，バンカ・モンテで293％へそれぞれ上昇している。バンカ・モンテの場合，国債保有額が305億ユーロに対し，自己資本（Tier1）が104億ユーロであり，国債の時価が10％下落した場合，約30億ユーロの損失が計上される可能性があるが，利益で穴埋めできなければ，104億ユーロの自己資本は74億ユーロに目減りすると見られる。この場合，バンカ・モンテの自己資本比率は2012年6月の11.7％から，8.6％へ低下することとなる[25]。しかも同行でも保有国債はほとんどが自国国債であり，ホームバイアスが強く，イタリア国債の市況に左右されやすい。こうした事情もあり，市場関係者はほとんどEBAによる資本過不足の推計を信用していないと見られる。

　民間コンサルタントによる，スペインの銀行に関するストレステストでは厳しい評価が出ている。2012年6月に公表された評価では，スペインの銀行には160億ユーロ〜620億ユーロの資本注入が必要とされた。コンサルタント会社オリバー・ワイマンの推計によると，スペインの銀行では，不動産関係向け貸

出残高に対する貸出損失の比率は44～46％に達するという。このため、貸出残高合計に対し貸出損失の比率は14～16％とされている[26]。

さらに2012年9月に発表されたストレステストでは、600億ユーロの資本注入が必要とされた。対象とされた14行のうち7行が資本不足とされたが、このテストでは総貸出の11％にあたる貸出が個別で検査された。上位3行では資本不足はないとされたが、バンコ・ポピュラー（資産残高で6位）で32億ユーロ、バンキア（同4位）で247億ユーロの資本が不足するとされた[27]。結局、スペインの銀行は、国債の値下がりリスクに加え、不動産関係の不良債権が大きな懸念材料となっている。

6　まとめに代えて

スペインの主要な問題は、自治政府の財政赤字と、銀行の不良債権である。スペインでは2011年に、中央政府の赤字よりも自治政府の赤字が大きくなっていた。中央政府からの自治政府向け補助金が削減されているため、と見られる。短期債を発行してきた4つの自治政府が、相次いで救済要請となった。

スペインにおいて銀行の貸出は、不良債権の増加もあり、収縮している。不良債権比率は12％台（2013年8月）へ上昇し、貸倒引当金による対応が遅れていた。不動産業向け貸出は2004年から2009年にかけ、3倍近い増加となった。ユーロ導入によりドイツと同じ低金利が導入され、しかもインフレ率が高く、実質金利はマイナスであったことが大きい。不動産業向け貸出の中核が、カハであった。7つのカハが合併することで、バンキアが誕生したが、経営破綻し、公的資金が注入された。2014年1月現在、ユーロは小康状態だが、スペインの銀行セクターが健全化されたわけではない。

注）

1） *Resolving the European Debt Crisis*, edited by William R.Cline and Guntram B. Wolf, Peterson Institute for International Economics, Special Report 21, PIIE Press,

February 2012
2) Ramon Pacheco Pardo, "From Miracle to Crash? The Impact of the Global Financial Crisis on Spain", *Europe and the Financial Crisis*, edited by Pompeo Della Posta and Leila Simona Talani, Palgrave, 2011, pp165-182
3) Antonia Calvo Hornero and Ignacio Garrido Sanchez, "The Financial System in Spain And Portugal : Institution and Structure of the Market", *Financial Market Integration and Growth*, edited by Paul J.J.Welfens and Cillian Ryan, Springer, 2011, pp177-280
4) Ozlem Olgu, *European Banking Enlargement, Structure Changes and Recent Developments*, Palgrave, 2011
5) *Resolving the European Debt Crisis*, edited by William R.Cline and Guntram B. Wolf, Peterson Institute for International Economics, Special Report 21,PIIE Press, February 2012, p127
6) Banco De Espana, *Boletin Estadistico*, 09/2012
7) *Financial Times*, August 1, 2012
8) *Financial Times*, June 27, 2012
9) *Financial Times*, July 23, 2012
10) *Financial Times*, July 24, 2012
11) *Financial Times*, June 26, 2012
12) Jose Luis Malo de Molina, "The macroeconomic basis of the recent development of the Spanish financial system", *The Spanish financial System Growth and development since 1900*, edited by Jose Luis Malo de Molina and Pablo Martin-Acena, palgrave macmillan, 2012, pp199-204　証券化技術は，他国ではリスク転嫁の手段として活用されたが，スペインでは資金調達手段として活用された，と指摘している。
土田陽介,「スペインにおける不動産バブルの崩壊と貯蓄銀行」,『上智ヨーロッパ研究』第3号，2011年3月によると，2000年から2007年にかけて，スペインにおける住宅資産担保証券の発行残高は1,444％増加した。うち銀行部門による住宅資産担保証券の発行残高で，カハが占める割合は，2001年の47.5％から2009年には59.9％へ上昇した。
13) *Financial Times*, June 25, 2012
14) *Financial Times*, July 20, 2012
15) *Financial Times*, July 27, 2012

16) 土田陽介, 前掲, p100
17) 2011年現在, スペインの民間銀行の海外金融資産はEUが4,333億ユーロに対し, ラテンアメリカが3,348億ユーロであった。Banco De Espana, *Report on Banking Supervision in Spain 2011*, p112
18) Guillermo de la Dehesa, "Spain and the Euro Area Sovereign Debt Crisis", *Resolving the European Debt Crisis*, edited by William R.Cline and Guntram B.Wolf, Peterson Institute for International Economics, Special Report 21, PIIE Press, February 2012, pp109-130
19) Banco De Espana, *Report on Banking Supervision in Spain 2011*, p22
20) http://www.bankia.com/en/who-we-are/about-us/origin/
21) *WirtschaftsWoche*, 26. 11. 2012, p24
22) *The Banker*, July 2009, p248
23) *The Banker*, July 2012, p243
24) European Banking Authority, *Capital buffers for addressing market concerns over sovereign exposures, Methodological Note*, December 8, 2011
25) *Financial Times*, August 21, 2012

バンカ・モンテ・デイ・パッシは, シエナ (Siena) 市と州による財団が最大株主で, 同行の株式の36％を保有してきた。他に4％以上の株式を保有する株主はいない。同財団は資産の90％を同行株式で運用してきたが, 8月に株式を売却することを示唆した。同行の取締役16名は, 8人はシエナ市, 5人はシエナ・プロビンス, 1人はトスカーナによって任命される。民間銀行ではあるが, 極めて公共性が強い。
26) *Financial Times*, June 23/24, 2012
27) *Financial Times*, September 29, 2012

第5章 ギリシャ危機とキプロスの銀行破綻処理

ギリシャの国債実質デフォルトで、キプロスの銀行には大きな損失が発生した。キプロスで銀行が破綻処理され、同国では資本規制が継続している。ギリシャでは失業率が約27％まで上昇し、デフレスパイラルに陥っている。

1 はじめに

2012年2月下旬にIMFとEUはギリシャ向け第二次支援策として1,300億ユーロを決定したが、民間の国債投資家が53.5％の元本削減（実質はクーポン低下も含め70％とされる）に応じることが条件づけられていた。CDS（クレジット・デフォルト・スワップ）との関係もあり、民間の国債投資家（銀行、ヘッジファンド等）があくまで「自発的」に債務削減に応じることが、当初求められていた。またCAC（集団行動条項）もギリシャ政府により付され、90％以上（目標）の投資家が自発的に債務削減に応じるならば、残りの10％の投資家も含めて債務が削減されるとされた。新聞報道では、90％には達しず、83％となったが、集団行動条項が発動され、1,000億ユーロを超す債務が削減された。これに伴い、「強制的」な債務削減という側面が発生し、保険としてCDSが適用され、2012年3月19日にCDS入札決済が実施され、清算価格は元本に対し21.5％となった。

本章はギリシャにおける債務削減前後の状況を、2011～2013年の財政と国債を分析することで明らかにするものである。さらにギリシャ国債の削減（PSI、実質的にはデフォルト）により、キプロスの銀行が損失を被り、キプロスで銀行破綻処理と預金課税提案に至った背景を明らかにする。

2　ギリシャ国債の実質的デフォルト

　IMFとEUは2010年5月に，第一次のギリシャ支援を決定した。合計1,100億ユーロの融資である。ギリシャ向け第一次支援では，EFSF（欧州金融安定化ファシリティー）などのインフラは成立前であり，基本的に二国間資金貸与による協調融資（800億ユーロ）とIMF支援300億ユーロであった。2国間貸与800億ユーロの各国別内訳は，ECB（欧州中央銀行）への出資比率に準じる，と見られる。この第一次支援融資は2010年5月以降，3～4か月ごとに分割して実施されてきた。2011年の融資実施額は合計で423億ユーロとなる。2011年末で，第一次支援として，EUから529億ユーロが実行（残額271億ユーロ），IMFから210億ユーロが実行（同90億ユーロ）された。

　しかし2012年3月20日には，2009年2月と5月に発行された3年債144億ユーロの償還が控えていた。2009年に発行されたため，金融危機後の発行であり，表面利率（クーポン）も4.3％に上昇していた。この144億ユーロの3年債償還資金を財務省証券発行で対応することは，実質的に不可能であったと見られ，IMF・EUによる第二次支援発動の背景となった。

　ギリシャ向け第二次支援が2012年3月に合意された。PSI（民間部門の関与，実質的にはデフォルト）とセットの支援であった。EFSF（欧州金融安定ファシリティー）による支援が最大1,446億ユーロ（うち銀行増資支援は最大480億ユーロ，また第一次支援の残額を含む），IMF支援は280億ユーロ，合計1,726億ユーロとなった。

　2012年3月に集団行動条項の発動により，債務削減の対象となった部分は，国内発行債券と見られる。ギリシャ財務省は，2012年2月24日に額面総額2,060億ユーロのギリシャ国債を保有する民間投資家に対し，PSIを提案した[1]。

　PSIは，①対象国債の額面31.5％分については，新規発行のギリシャ国債と借換え，②対象国債の15％分については，EFSF債券（2年以内償還）と借換え，③残りの53.5％は債務を棒引き，という内容であった。①の新規発行のギリシャ国債の条件は，最終満期2042年，元本返済は発行後11年後から部分的に

開始（Amortization），クーポン（利払い）は2015年までは2％，2021年までは3％，その後は4.3％とされた[2]。すなわち，元本返済は2023年から部分的に開始されるが，最大30年債の超長期債もあり，しかもクーポンは2％（当初3％）という条件である。実質70％の債務削減といわれる所以である。PSIにより，1,100億ユーロ近いギリシャ国債が棒引きされ，約650億ユーロの最長30年債が借換え発行，約310億ユーロのEFSF債（2年債）が借換え発行，ということになった。

図表5-1は，2011年12月時点，2012年12月時点，2013年9月時点のそれぞれの債務返済予定額を示す。PSIを前後して，2014年から2015年の債務返済額が大幅に削減されている。

EFSFから2012年4〜6月に702億ユーロが実行された。しかし，ギリシャが財政緊縮策を立案できず，2012年6〜11月の期間，EUやIMFからの支援払い込みが凍結された。ギリシャでは6月に総選挙が実施され，3党連立政権となり，3党は財政削減の先延ばしで合意した。しかしEUがこれにすぐに応じなかったため支援が凍結されたが，2012年12月に財政赤字対GDP比率を2年遅らせ

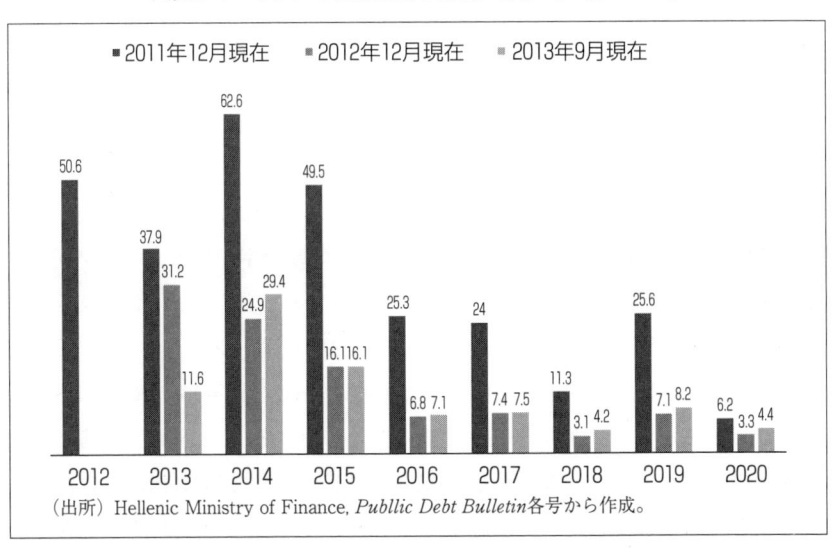

図表5-1　ギリシャ債務返済予定額の推移（10億ユーロ）

年	2011年12月現在	2012年12月現在	2013年9月現在
2012	50.6		
2013	37.9	31.2	11.6
2014	62.6	24.9	29.4
2015	49.5	16.1	16.1
2016	25.3	6.8	7.1
2017	24	7.4	7.5
2018	11.3	3.1	4.2
2019	25.6	7.1	8.2
2020	6.2	3.3	4.4

（出所）Hellenic Ministry of Finance, *Publlic Debt Bulletin*各号から作成。

2016年とすることで，EUはギリシャと合意した。このため2012年12月に融資が再開された。

　PSI以降，ギリシャ向け支援策として議論されてきた構想には，大きく4つあった。第一には，一層の債務長期化と金利引下げといった債務再編である。PSIで30年債へ借換えられたものの，IMFやEFSFの融資は短期的なものもあり，また第一次支援の金利は市場金利を基準としていた。第二には，ECBがSMP（証券市場プログラム）等で購入した国債の償還益を活用することである。ECBは大幅額面割れでギリシャ国債等を購入したが，額面で償還されれば，利益が発生する。この償還差益をECBがギリシャ中央銀行に戻し，さらにギリシャ中央銀行が政府財政に納付金として繰り入れることである。第三には，バイバック構想で，IMFやEFSFから融資された資金のなかから，ギリシャ政府が額面割れ国債を買い戻し，消却することである。この構想は2012年12月に実施された。第四には，IMFとEUが対立しているが，OSI（公的部門関与）である。PSIは民間部門に限って，債務を削減した。そしてECBなど公的部門は対象外とした。しかし，OSIでは公的部門にも負担を求めることになる。IMFがOSIを要求しているが，ドイツを中心にEUは反対している。

　しかし2013年現在のギリシャ経済は，厳しい状態にある。**図表5-2**はギリシャの財政赤字対GDP比率と失業率を四半期ベースで示すが，財政赤字は2012年前半の−7〜8％から2013年第2四半期には−30.3％まで悪化している。また失業率は2010年には12.8％であったが，2013年には26.6％まで上昇している。財政支出が削減され，景気が悪化し，税収が減少する一方，失業率上昇から失業保険支出等が増加してしまい，かえって財政赤字が膨張するデフレスパイラルに陥っている。

　EU等の危機対応に注目すると，ESMが2012年10月にスタートした。EFSFは2013年6月末に新規支援を停止し，実質的にESMに引き継がれた。ESMは前倒しでスタートし，2012年10月8日に発足した。ESMは国際法に基づく政府間組織とされている。もともとESMはEFSFと合計で5,000億ユーロが最大支援額と理解されてきたが，ESMのホームページによると，2013年現在，合

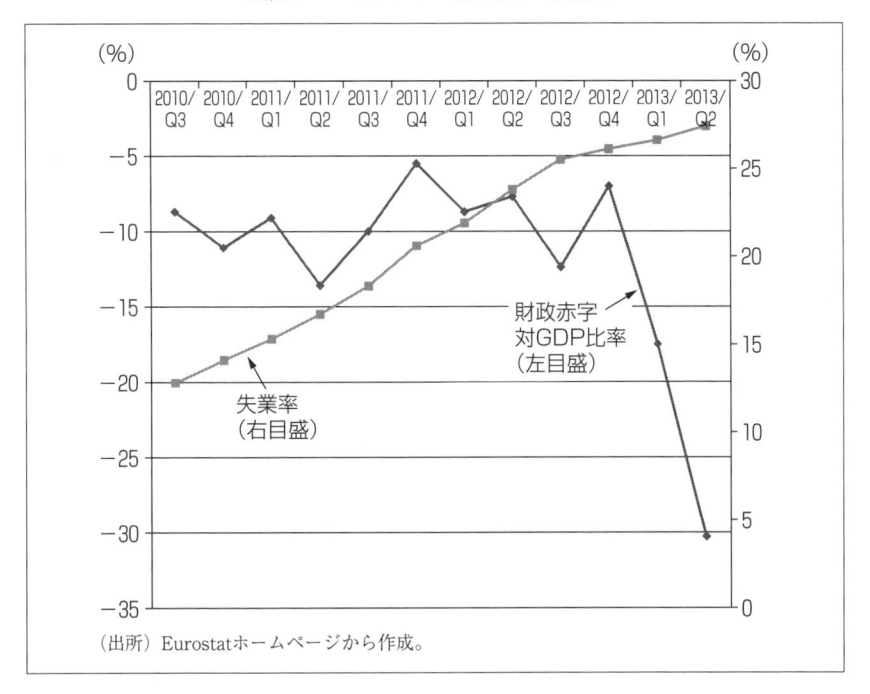

図表5-2 ギリシャの財政赤字と失業率

(出所) Eurostatホームページから作成。

計で7,000億ユーロが最大支援額とされている。ESMの説明によると，EFSFがすでにアイルランド，ポルトガル，ギリシャに合計で1,920億ユーロを融資しており，さらにスペイン向けの銀行再建で最大1,000億ユーロの融資を決定している。このスペイン向けの支援分はESMに移管され，ESMの最大支援可能額5,000億ユーロに含まれる。したがって，5,000億＋1,920億ユーロで7,000億ユーロとされている[3]。

3 キプロスの銀行危機と背景

キプロスの銀行と財政が危機に瀕した。直接の契機は，ギリシャ国債の実質デフォルトである。まず，キプロス危機を検討する前提を明らかにしておく。

第一に，キプロスの地理的および軍事的側面である。キプロスはトルコの南下の地中海に位置する島国であるが，シリア，イスラエル，イラクといった紛争地域に極めて地理的に近い。イギリスはキプロスに軍事基地を有し（1960年までイギリスは宗主国），シリアの情報収集をしている。またイラク戦争時には，イラクへ英米機がキプロスから飛び立った[4]。ギリシャに続き，キプロスにEU加盟（2004年）とユーロへの参加（2008年）をユーロ圏諸国が認めた背景には，ギリシャやキプロスの地理的・軍事的側面を考慮した可能性がある。なお，キプロスは2011年12月に，南部の地中海沖に推定5〜8兆立方フィートの天然ガス埋蔵を発表し，ギリシャ，イスラエルと共同で，欧州向けパイプライン構想を進めている。

　第二に，ロシアとの関係である。まず宗教的に，キプロスではギリシャ正教が中心であるが，ギリシャ正教はロシアに伝わりロシア正教となった。西暦990年にロシアはロシア正教を国教とし，1917年まで国教であった[5]。現在でも，ロシア正教の影響は強く，文化面でもロシアとキプロスは近い。また1997年には，キプロスは敵対するトルコに対抗するため，ロシアからミサイルを購入しようとした。さらに，1998年にはロシアのエリツィン大統領（当時）がキプロスと租税条約を結び，ロシア企業はキプロスで申告・納税すれば，ロシアでの納税が免除された。ロシアでの法人税率が20％に対し，キプロスでは10％であった。さらに2011年12月には，ロシアがキプロスに25億ユーロを融資した。

　第三に，トルコとの関係であり，1974年にキプロスをめぐって，トルコが軍事介入し，ギリシャと戦争になった。1980年には，トルコが支配する北キプロスは独立を宣言した（トルコ以外の国は認めていない）[6]。このため，現在でもキプロスには，南北間に国連PKOが駐留し，緩衝地帯がある。この問題はトルコのEU加盟にも関わっており，南北の分断によって，トルコはEU加盟条件のひとつである移動の自由を認めていない，とされている。こうした歴史を背景に，1997年に（南）キプロスはロシアからミサイルを購入し，トルコに対抗しようとした。他方，（南）キプロスがギリシャと密接な政治・経済関係

にあり，今回のギリシャ国債問題とも関わってくる[7]。

以上のような文化的・地理的要因を背景として，キプロスの対外・対内直接投資は，ロシア，ギリシャ，イギリスが中心となっている。キプロス政府は直接投資に関し，国別の詳細なデータを公表していないが，キプロスへの直接投資の上位3か国は，第1位ギリシャ，第2位イギリス，第3位ロシアである（2011年，フローベース）[8]。すでに述べたように，1999年にロシアはキプロスと租税条約を締結しており，キプロスへの直接投資が急増した。また2008年においては，キプロスからロシアへの直接投資が13億ユーロに達したと推定される。このキプロスからの対ロシア直接投資は，キプロスのロシア企業によるものと言われている。フィナンシャル・タイムズによると，キプロスへのロシアからの直接投資は3億ユーロ（2011年，フロー）に近く，キプロスからロシア向け直接投資も120億ユーロ（同）に達している。ドイツを中心として，EU主要国は，キプロスがロシアのマネーロンダリングに利用されていると懸念してきた[9]。この点が，キプロスの銀行救済にあたり，ユーロ圏諸国が強硬であった重要な背景であり，ドイツが財政資金投入にあたり，ドイツ国民からの批判を恐れた背景であった。

キプロスの銀行は二大銀行体制であった。最大手はバンク・オブ・キプロス（Bank of Cyprus）であり，後述するように，今回の金融支援でも存続することとなった。同行は1899年に，ニコシア貯蓄銀行（Nicosia Savings Bank）として設立され，1912年にバンク・オブ・キプロスとなり，同時に公募会社となった。現在，世界に556の支店（branch）を有し，うち190がロシア，181がギリシャ，126がキプロス国内となっており，キプロスの銀行というよりも，ロシアとギリシャの銀行と言える[10]。同行の総資産は2010年12月期における570億ドルから，2011年12月期には485億ドルに減少し，同じくTier1も39億ドルから26億ドルに減少している。また税前利益は赤字に転落し，自己資本比率は11.9%から8.4%に低下し，不良債権比率は7.3%から10.2%へ上昇している。

ついでマーフィン・ポピュラー・バンク（Marfin Popular Bank）であるが，今回の金融支援でバッド・バンクと存続銀行に分割され，バッド・バンクは破

綻処理され，存続銀行はバンク・オブ・キプロスに引き継がれることとなった。
マーフィンは1901年にキプロスのリマソルで4人の個人によって，リマソル・ポピュラー貯蓄銀行として設立された。1924年に公募会社に転換し，同時にリマソル・ライキ・バンク（Laiki Bank of Limassol）として登録された。2011年にマーフィン・ポピュラー・バンクにより，約5億ユーロというキプロスの会社としては過去最大の増資が実施された[11]。2010年現在，同行の貸出残高の国別内訳を見ると，キプロスが38％に対し，ギリシャが45％となっており，ギリシャ向けの貸出が半分近い[12]。2012年に，銀行名をキプロス・ポピュラー・バンクに，取引名（its trading name in Cyprus）をライキ・バンクと変更した。マーフィン（2010年12月期）とキプロス・ポピュラー（2011年12月期）の指標を見ると，総資産は562億ドルから437億ドルに減少し，同じくTier1も減少，税前利益では大きく赤字に転落し，不良債権比率は7.3％から13.9％へ倍近く上昇した。

　キプロス系銀行によるギリシャ国債の保有と損失については後述するので，ここではギリシャ向け貸出に触れておく。キプロス・ポピュラー・バンク（ライキ・グループ）のアニュアル・レポートによると，同行の貸出残高は310億ユーロであるが，キプロス国内が98億ユーロ，ギリシャ向けが126億ユーロとなっており，ギリシャでの貸出が大きい。業種別に貸出残高を見ると，住宅ローンが93億ユーロ，建設・不動産向けが44億ユーロであり，住宅・不動産関係が中心である[13]。ギリシャにおける住宅価格指数は，1997年を100とした場合，2008年に261まで上昇したが，2012年には199まで低下し，2012年の下落率は11.8％となった[14]。こうした傾向はキプロスでも同様で，住宅価格指数は2010年を100とした場合，2008年には104であったが，2011年第4四半期には90まで低下した[15]。ピークから15％程度，住宅価格は低下した。したがって，キプロス・ポピュラー・バンクの場合，ギリシャとキプロスにおける住宅・不動産中心に貸し出し，住宅価格の低下によって，貸出が毀損したと見られる。

　では，キプロスの銀行には，どのような地域や国から預金があつまっていたのか。これを見たものが，**図表5-3**である。キプロス中央銀行によると，国内

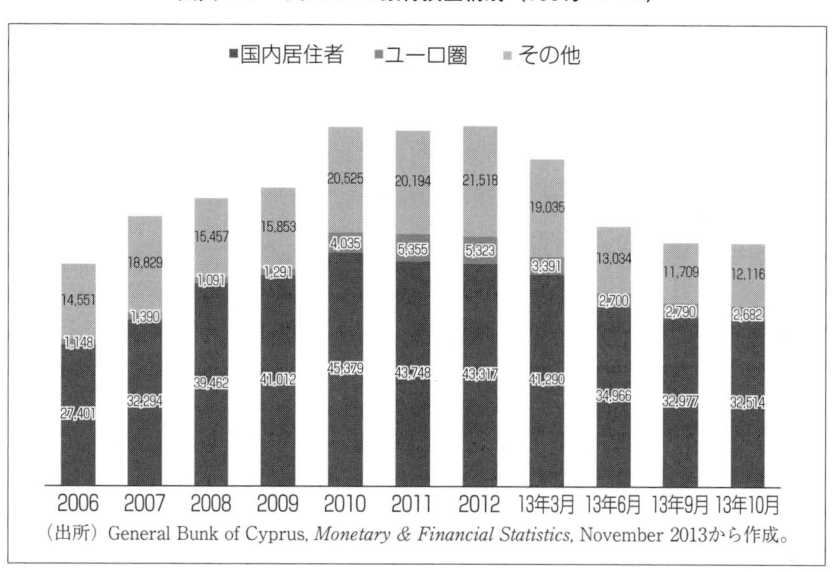

第5章　ギリシャ危機とキプロスの銀行破綻処理

図表5-3　キプロスの銀行預金構成（100万ユーロ）

■国内居住者　■ユーロ圏　■その他

年	国内居住者	ユーロ圏	その他	合計
2006	27,401	1,148	14,551	
2007	32,294	1,390	18,829	
2008	39,462	1,091	15,457	
2009	41,012	1,291	15,853	
2010	45,379	4,035	20,525	
2011	43,748	5,355	20,194	
2012	43,317	5,323	21,518	
13年3月	41,290	3,391	19,035	
13年6月	34,966	2,700	13,034	
13年9月	32,977	2,790	11,709	
13年10月	32,514	2,682	12,116	

（出所）General Bunk of Cyprus, *Monetary & Financial Statistics*, November 2013から作成。

居住者による預金が2006年には274億ユーロであったが，2012年には433億ユーロに増加した。ついでキプロス以外のユーロ圏からの預金が，2006年には11.5億ユーロであったが，2011年に53.6億ユーロへ増加し，2012年には53.2億ユーロへ減少した。これは主として，ギリシャからの預金と言われている。そして，ユーロ圏以外からの預金が2006年には146億ユーロであったが，2012年には215億ユーロまで増加した。このユーロ圏以外からの預金が，ロシアからの預金と言われている。2009年から2010年にかけて，一挙に50億ユーロ近く増加した。フィナンシャル・タイムズは，キプロスにおけるロシアの預金は80億〜350億ユーロというドイツの情報機関の見解を紹介している[16]。国内の居住者による預金にもロシア系企業による預金が含まれているため，ロシア系の預金は200億ユーロ（ユーロ圏以外の預金）を超えていたとされる。キプロスの銀行の預金には，ロシア系が多く含まれ，この点が独などユーロ圏による救済策の策定に影響したと見られる。またキプロスの銀行の資金調達において，預金が中心となり，債券発行の比重が低いことにもつながった。

図表5-4　キプロス系銀行のギリシャ国債保有額

(100万ユーロ, %)

		コアTier1	コアTier1比率	ソブリン	うちギリシャ	うちキプロス
Bank of Cyprus	2011年12月	1754	7.1	3698	2005	618
					2068	498
	2012年6月	1655	6.9	1933	105	789
					0	665
Marfin Popular Bank	2011年12月	−139	−0.5	4112	3202	357
					2653	211
Cyprus Popular Bank	2012年6月	1034	4.4	2811	364	2152
					967	2003

(出所) EBA, *Final Assessment of the Capital Exercies*
(注) ソブリンは対政府貸出を含む。上段は時価（貸出含む），下段は簿価で証券形態。

　2013年に入り，キプロスに対するユーロ圏の支援問題が議論されるなかで，キプロスへの海外からの預金は急速に流出している。ギリシャが中心と見られる，ユーロ圏からの預金は2013年1～10月で約20億ユーロ減，ロシアが中心と見られる，その他海外からの預金も同じく約90億ユーロ減となっている。ただし2013年12月現在，キプロスでは資本規制が導入され，海外への預金流出は規制されている。したがってロシアに還流せず，主として国内で引き出されていると推定される。

　キプロスの銀行はロシア系も含め預金中心で調達してきたが，運用はギリシャ国債やギリシャ向け貸出が中心であった。**図表5-4**はEBA（欧州銀行監督機構）による，キプロス系銀行の調査結果である。バンク・オブ・キプロスの場合，コアTier1は2011年12月には17億5,400万ユーロであったが，ソブリン保有額（対政府，貸出含む）は36億9,800万ユーロ，うちギリシャが20億ユーロ，キプロスが6億1,800万ユーロであった。しかし2012年3月には，ギリシャのPSIが実施されたため，ギリシャ国債の保有額が大幅に減少した。2012年6月期には同行のギリシャ・ソブリン保有額は1億ユーロまで減少（証券簿価はゼロ）した[17]。これに先立つ2010年12月時点での，EBAによるストレステストでは，貸出残高の国別内訳も公表されたが，バンク・オブ・キプロスの貸出残高合計

376億ユーロに対し，キプロスは157億ユーロ，ギリシャは112億ユーロであった。すでにこの時点でデフォルトした貸出の比率は7.8％に達していた[18]。すでに指摘したが，ギリシャ，キプロスでの住宅・不動産の価格低下が影響したものと見られる。

ついでキプロス（マーフィン）・ポピュラー・バンクであるが，2011年12月時点ですでにコアTier1はマイナス1億3,900万ユーロであった。ギリシャのPSI以前に，すでに債務超過であった。ソブリン関係の保有額は41億ユーロあり，うちギリシャが32億ユーロ，キプロスが3億5,700万ユーロであった。しかし，2012年3月にギリシャ国債がPSIとなり，ギリシャのソブリン保有額は時価で大幅に減少し，3億6,400万ユーロとなった。他方，同行によるキプロス国債の保有額は大きく上昇し，2012年6月には21億5,200万ユーロとなった。これはキプロス政府による同行への資本注入が実施され，コアTier1が10億3,400万ユーロへ回復したため，キプロス国債の保有が増えたと見られる。キプロス政府は同行に，17億6,000万ユーロの普通株による資本注入を実施した。同行の普通株が20億ユーロ近く毀損したためであり，主因はギリシャ国債，ギリシャ向け貸出での損失であった。

17億6,000万ユーロもの銀行への公的資金注入は，キプロスの政府財政に大きな負担となった。キプロスの政府財政は，2012年の歳入66億ユーロ，歳出が75億ユーロ（いずれも決算）といった規模である[19]。したがって18億ユーロ近い銀行への公的資金注入は財政にとって，極めて重い負担であった。

4　キプロスの財政破綻と公債

キプロスの公債残高（借入形態を含む）は2006年〜2008年にかけて，残高は150億ユーロ前後で推移しており，大きな変化はなかった。ユーロに参加し，景気も好調であったから，対GDP比での公債残高（借入を除く）は64.4％（2006年）から49％（2008年）へ低下し，不安視されることはなかった。しかし金融危機を経て，状況は一変した。公債残高は，2009年には169億ユーロ（対GDP

比58.5％），2010年に183億ユーロ（同61.3％），そして2012年には235億ユーロ（同86％）まで増加（上昇）した。

2013年における新規発行の内訳構成を見ると，TB（財務省証券，満期13～52週物）が32％，ECP（Euro Commercial Paper，外貨建て短期証券，満期1～12か月物）が10％，国内債が23％，そして借入が35％であった[20]。13週物のTBの発行利回りは5％前後，残存期間2年の国債の流通利回りは15％前後であった。格付け機関からキプロスの格付けは急速に引き下げられたことが影響した。2010年11月にキプロス長期国債（ユーロ建て）の格付け（S&P）はシングルAに引き下げられたが，2011年10月にはBBBまで下げられた。これはECBの適格担保からはずれ，ECBからの借入が不可能となり，また国際的な起債はほぼ不可能な水準であった[21]。2012年6月25日，キプロスはユーロ圏に救済を求めた。しかし当時のキプロス政権がロシア寄りだったこともあり，ユーロ圏の対応は遅かった。その後，2013年2月の大統領選で中道右派が勝ち，2013年3月に急速に救済策が進展した。

2013年3月上旬時点で，キプロスに対するユーロ圏の救済スキームとしては，3つの選択があった。第一はベースケースで，必要額が167億ユーロ，うち100億ユーロが銀行救済，67億ユーロが政府財政の資金繰りに必要というものであった。このケースでは，14億ユーロになる銀行社債（junior bond＝劣後債）の債権放棄も含まれていた。第二は，①民営化で15億ユーロ，②法人税税率10％を20％に引き上げ，③資本所得への源泉課税を28％へ引き上げ，④ロシア借入の返済期限延長等で，必要額を147億ユーロに圧縮というスキームであった。第三は，①すべての銀行社債（senior bond＝優先債を含む）の債権放棄，②預金保険の対象とならない預金の没収（bail）で，必要額を94億ユーロに圧縮（うちキプロス国債の50％ヘアカットで55億ユーロ）するものであった[22]。

2013年3月20日時点で，ユーロ圏はキプロスへの100億ユーロ支援に合意したが，10万ユーロ以下の預金（預金保険対象）も含む預金課税，優先債（銀行社債）を除く社債債権放棄，という内容であった。これが預金課税で58億ユーロの捻出（10万ユーロ超では9.9％課税，10万ユーロ以下では6.75％課税），別に銀行社

債(劣後債)の債権放棄で14億ユーロ、民営化で14億ユーロをキプロスに義務づけた構想であったが、キプロス議会によって否決された[23]。

最終的に3月25日に決着したが、キプロス・ポピュラー・バンク(ライキ・バンク)を分割し、そのバッド・バンク(不良債権)を同行の10万ユーロ以上の預金によって償却するものであった。さらに、①10万ユーロ以下の預金はバンク・オブ・キプロスに移管する、②ライキ・バンクのユーロシステムからの借入90億ユーロもバンク・オブ・キプロスへ移管、③バッド・バンクには、ライキから10万ユーロ以上の預金合計42億ユーロと、不良債権70億ユーロを移し償却する、④バンク・オブ・キプロスでの10万ユーロ以上の預金は当面凍結、将来はヘアカットされるが額は未定、⑤ライキのすべての銀行社債(優先債を含む)は債権放棄、⑥バンク・オブ・キプロスの自己資本(コアTier1)比率が9％となるよう資本注入、といった内容であった[24]。ユーロ圏からの支援100億ユーロ(うち10億ユーロはIMF)は同じで、議会も合意した。納税者の負担を回避し、株主、社債保有者、高額預金者の負担を求めた。

2013年3月16日から27日まで、キプロスの銀行は営業を停止したが、再開にあたり、資本規制が導入された。その概要は、①預金引き出しは1日あたり300ユーロまで、②5,000ユーロ以上の送金にはキプロス中央銀行の許可が必要、③海外でのクレジット・カード使用はひと月あたり5,000ユーロまで、④キプロス国民は海外旅行に際し、3,000ユーロまでの持ち出しに限定、といったものであった。この規制に関し、ブリューゲル(シンクタンク)のウオルフ(Wolff)は、資本規制は公共の安全のためにのみ正当化されるとした、EU条約63・65条に抵触するとコメントした[25]。資本規制の導入は当初、キプロスがEUおよびIMFと救済策について最終合意するまでの2週間とされた。しかし、2013年4月下旬現在、規制の解除は早くても2013年9月と言われていたが、2014年にずれ込んでいる。存続するバンク・オブ・キプロスのリストラが完了(預金保険対象外の預金を60％ヘアカット、ライキ・バンクからの資産移譲)してから、規制は解除される見通しとされる。2013年12月下旬現在、キプロスでは個人は小切手を現金化できず、新しい銀行口座を開けない状態が続いている[26]。

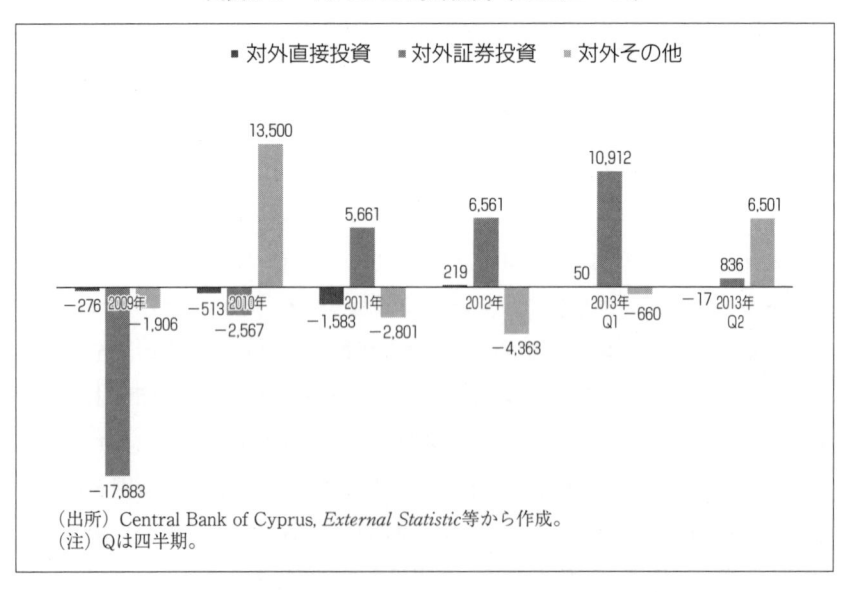

図表5-5　キプロスの対外投資（100万ユーロ）

■ 対外直接投資　■ 対外証券投資　■ 対外その他

- 2009年: −276, −17,683, −1,906
- 2010年: −513, 13,500, −2,567
- 2011年: −1,583, 5,661, −2,801
- 2012年: 219, 6,561, −4,363
- 2013年Q1: 50, 10,912, −660
- 2013年Q2: −17, 836, 6,501

（出所）Central Bank of Cyprus, *External Statistic* 等から作成。
（注）Qは四半期。

　こうした資本規制の影響もあり，キプロスの資本収支は流出が減少している。**図表5-5**はキプロスの対外投資動向を示している。2009年には対外証券投資が177億ユーロの流出超であったが，2013年第1四半期には109億ユーロの流入超に転じている。すなわち対外的に資金が出ていかず，対外証券投資の資金が償還等により還流している。また対外その他収支については，2012年には44億ユーロの流出超であったが，2013年第2四半期には65億ユーロの流入超に転じている。その他収支は銀行間貸借等から成るが，対外的な銀行貸出は急減していると見られる。

　EUではEU委員会の諮問機関が2009年2月に金融監督・規制に関する包括的な見直しに関する提言（通称ドラロジエール・レポート）が公表され，その後同提言に沿った形で金融規制改革が進められてきた。2010年7月には，EU委員会は預金保険に関するEU指令改正案を欧州議会に提出し，2012年年末までに加盟国で多様であった預金保険の範囲等も統一する予定であった[27]。こうした状況にかかわらず，保険対象預金への課税が提案されたことになる。また

2013年12月現在,預金保険制度の財源問題については,ユーロ圏で議論が進んでいない。

5 まとめに代えて

　ギリシャ国債のPSIによって,キプロスの銀行は大きな損失を計上し,破綻と再編を余儀なくされた。またキプロスがロシアからの資金を受け入れ,ロシアマネーのマネーロンダリング地とみなされてきたことも問題を複雑にした。ドイツを中心とするユーロ圏各国は,自国国民による財政資金投入を極力避け,キプロス系銀行のステークホルダーに負担をまず求めた。枠組みは正論に見えるが,①優先債（senior bond）を含む,すべての社債保有者に債権放棄を要求した,②実施は見送られたが,10万ユーロ以下の預金保険対象の預金への課税を提案したこと,③ユーロ導入以来,初めてとなる資本規制を導入し,ユーロ圏とも資金移動が規制されていること,といった問題を含んでいる。優先債は,本来,返済が優先される債券であり,破綻処理において保険対象の預金と同じ位置にある。預金保険対象の預金が,銀行の破綻処理で没収（臨時課税）されるのであれば,預金保険に対する信頼を揺るがす。ユーロという同じ通貨が使用されているのに,送金規制されるのであれば,実質的に異なる通貨である。これらの問題をキプロス処理は突きつけている。キプロスは2014年7月に25億ユーロの債務返済があり,波乱が予想される。

注）

1） バークレイズ・キャピタル,「ギリシャ政府,サムライ債を含む債務交換に関するPSIを正式提案」,2012年2月28日参照。当初は,サムライ債（円建て非居住者発行）のギリシャ国債等5銘柄が対象に含まれていたが,後に対象外となった。同じく,「ギリシャのCDS,入札決済」,2012年3月21日も参照。

2） Hellenic Republic, Ministry of Finance, *PSI Launch Press Release*, February 21, 2012

3） http://esm.europa.eu/pdf, *Frequently Asked Questions on the European Stability*

Mechanism（*ESM*）参照。2012年3月27日，ドイツのメルケル首相が，EFSFとESMの合計で7,000億ユーロとする発言をした，との新聞報道もあった。
　　 Financial Times, March 27, 2012
4）　*Frankfurter Allgemeine*, March 23, 2013
5）　高橋保行,『ギリシャ正教』, 講談社学術文庫, 304ページ。
6）　*The Economist*, February 23, 2013, p 45
7）　文化的・地理的要因は，最近の金融論研究でも，金融機関の対外進出要因として注目されている。中東欧へ進出した主要銀行へのアンケート結果でも，進出を規定した要因として，文化的要因（情報コスト）と地理的近接性が挙げられている。
　　 Ilko Naaborg, *Foreign Bank Entry and Performance,* Eburon Delft, 2007, p67
8）　Central Bank of Cyprus, *Annual Review of External Statistics 2011*, p6
9）　*Financial Times,* February 7, 2013
　　 キプロスではロシア人社会が形成されている。キプロス第二の都市，リマソル（Limassol）では，1万人以上のロシア人が居住し，ロシア人向け学校，ロシア正教の教会，ロシア語の新聞・放送がある。マリーナが建設され，ロシア人所有のヨットが多数係留されている。*Financial Times*, March 15, 2013
10）　http://www.bankofcyprus.com/en-GB/Start/About/Structure/
11）　http://www.laiki.com/EN/TheBank/Pages/GroupHistory.aspx
12）　http://www.marfinbank.com, *Fact Sheet 2010*
13）　Laiki Bank Group, *Annual Report 2011*, p134
14）　http://www.bankofgreece.gr/, *Index of Price of Dwellings*
15）　Central Bank of Cyprus, *Residential Property Price Index, 2010-2011*
16）　*Financial Times,* February 7, 2013
17）　*Final Assessment of the Capital Exercise by the European Banking Authority,* Bank of Cyprus
18）　*Report of the 2011 EBA-wide stress* test : Bank of Cyprus
19）　Cyprus Ministry of Finance, *Budgets and Fiscal Control Directore*
20）　Cyprus Central Government Debt Management, *Quarterly Bulletin,* 2013 3rd quarter
21）　Republic of Cyprus, Ministry of Finance, *Annual Report, Public Debt Management,* March 2012, p62
22）　*Financial Times,* March 8, 2013
23）　*Financial Times,* March 20, 2013

24) *Financial Times,* March 26, 2013
25) *Financial Times,* March 28, 2013
26) *Financial Times,* March 27/28, 2013
27) 御船　純,「欧州における金融規制改革の動向～監督・セーフティネット・破綻処理～」,『預金保険研究』第13号, 2011年5月, pp47～72

第6章 円高・デフレとアベノミクス

2013年の消費者物価上昇率は0.4％のプラスとなったが，名目賃金が上昇しないため，実質賃金は−0.5％となった。消費税増税もあり，景気は失速するリスクがある。アベノミクスの「成果」は株価や為替など金融市場に限られ，実体経済には及んでいない。

1 はじめに

第5章までで明らかにしたように，ユーロは依然として不安定要因を抱えており，問題が顕在化する可能性がある。ユーロ危機が再燃した場合，円の為替レートは円高に向かうことが予想される。アベノミクスは消費者物価上昇率がプラスに転じていることから，「成功」していると言われる。しかし，プラスの物価上昇率は，円安に伴う，エネルギー価格や食品原材料価格の上昇に起因している。したがって，円高に転じた場合，アベノミクスは失速する可能性が高い。

そこで本章は，まず円の為替レートが為替決定の諸理論から説明可能なものか，検討する。為替決定の諸理論としては，購買力平価説，金利平価説，国際収支説等が取り上げられ，これらの見地から1999年以降の円の為替レートが説明可能か，検討する。

次いで，2012年まで，円高と同時に日本経済を特徴づけてきたデフレについて検討する。円高はデフレと深く関係している。通常，デフレの要因としては，賃金抑制，少子高齢化による購買力の低下，情報化に伴う流通コストの低下等が挙げられる。他方，リフレ派からは，金融政策の消極的緩和がデフレの要因と論じられる[1]。しかし，本書はデフレと金融政策の相関性を疑問視し，むしろ内外価格差の修正過程としてとらえている。日本の物価水準は高く，中

93

国など新興国から低価格品の輸入が増加し，日本の物価に恒常的に低下圧力がかかっている。日本企業の海外生産が進み，日本製品の「輸入」が増加し，円高により物価低下圧力が強まった面もある。半面，日本銀行は1999年にゼロ金利政策を導入し，量的緩和政策を含み，10年以上にわたり金融緩和を続けてきた。金融政策によってデフレに与える効果は限定される。最後に，2013年の消費者物価指数はプラス0.4％となったが，その要因は円安に伴うエネルギー価格の上昇であり，アベノミクスによる効果とは評価できないことを指摘する。

また実質賃金の上昇率は2013年通年でも－0.5％となり，2年連続でマイナスとなった。名目物価が上昇しているが，名目賃金が上昇しないため，実質賃金が低下している。2014年4月から消費税が8％に上昇するため，実質賃金の低下と合わせ，景気が悪化するリスクがある。

2 円高の背景

(1) 購買力平価の視点

為替レートの決定理論として，代表的な説は購買力平価説である。購買力平価では，国が異なっていても，同じ商品は同じ価格となり，その水準に為替レートは決定される，と考える。しばしば使用される事例は，アメリカでハンバーガーが1ドルで，日本で100円ならば，1ドル＝100円に為替レートはなる，ということである。

さらに1ドル＝100円の時，アメリカで1ドルのハンバーガーが，日本において120円で売られていたならば，アメリカから日本向け輸出が増加する。外国為替市場では円売り，ドル買いとなり，為替レートは1ドル＝100円からドル高・円安（1ドル＝120円）へ動くことになる。購買力平価説では，通貨の購買力水準に注目する。この説は絶対的購買力平価説と呼ばれる。

購買力平価説は，さらにインフレ率格差にもとづく購買力の変化に注目する議論へ進む。ある国のインフレ率が高い場合，その国の通貨の購買力が低下（減価）したことになるので，その通貨は安くなり，為替レートは低下する。

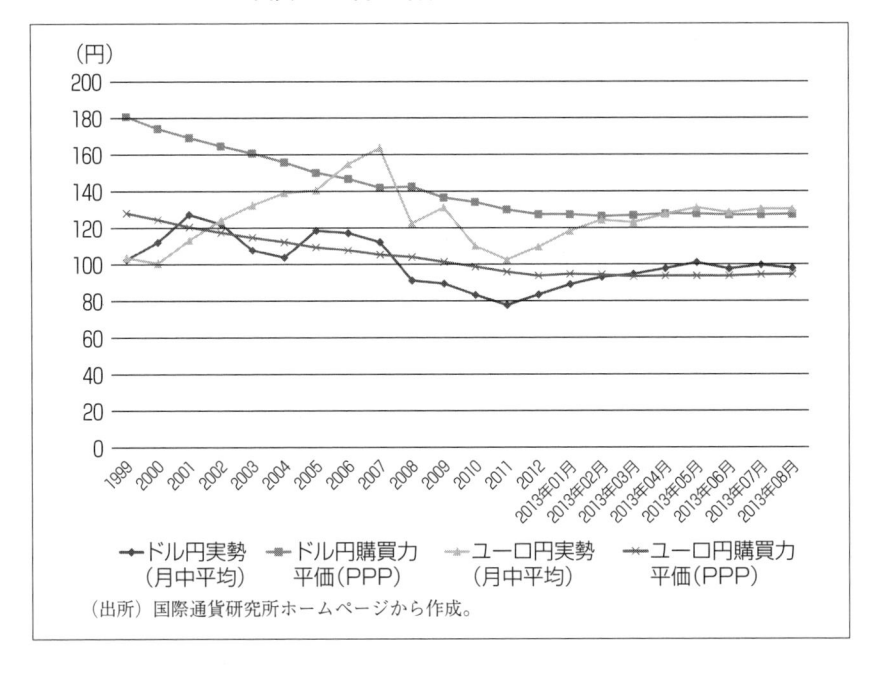

図表6-1　円の為替レートと購買力平価

(出所）国際通貨研究所ホームページから作成。

あるいは，逆に，ある国のインフレ率が低い（デフレ）場合，その国の通貨の購買力が上昇したことになるので，その通貨は高くなり，為替レートは上昇する。この説は相対的購買力平価説と呼ばれる。

図表6-1は，相対的購買力平価説の観点から，公益財団法人　国際通貨研究所が作成したデータに基づく。この図によると，ドル円の購買力平価では，1999年に1ドル＝180円87銭であったが，実勢レート（月中平均）は102円62銭であり，実勢レートは購買力平価より大幅に円高ドル安となっていた。この関係は，基本的には，2013年にかけて変化していない。アベノミクスで円安であるが，2013年8月現在，購買力平価では1ドル＝127円79銭だが，実勢レートは97円73銭であり，実勢レートは購買力平価に比べ，大幅に円高ドル安となっている。2013年に，円安が進んでも，購買力平価からは円高である。

次に，ユーロ円について見ると，購買力平価では1999年に128円22銭であり，

2013年8月にかけてなだらかに低下し，94円51銭となっている。他方，ユーロ円の実勢レートは，1999年には103円72銭と円高になっていたが，2002年以降この関係が逆転し，2007年には163円55銭まで円安となり，2013年8月には130円34銭となっている。

　検討すべき論点としては，①なぜドル円では，実勢レートが購買力平価よりも大幅に円高となってきたのか，②なぜユーロ円では2007年を中心に，ユーロ高円安となったのか，ということであろう。①については，実需の取引規模が大きいこと，このため市場が先取りして円高となったことが考えられる。以下では，②について主として検討する。ただ，ここではユーロ円の場合でも，長期的には購買力平価に沿った水準に，為替レートが収斂していることを確認したい。

　なお，実質実効為替レートの視点からすると，日本円は2007年12月から2012年9月にかけて，22％の切り上げと言われる[2]。実効為替レートとは，対単一通貨で為替レートの変化を見るのではなく，対複数通貨で為替レートの変化を見るものである。また実質為替レートとは，労働コストなど当該国の実質的要因を加味して，為替レートの変化を見るものである。例えば，ドイツの場合，ユーロ圏全体の労働コストでユーロの為替レートが決まるが，ドイツの労働コストからすれば割安，もしくは割高といった評価が可能である。ドイツの実質実効為替レートは，2007年12月から2012年9月にかけて，10.6％の引き下げとされた。なお，同じ期間で，米ドルは3.6％の切下げ，韓国ウオンは19.5％の切下げであった。

（2）　国際収支の視点

　ユーロ円為替レートが購買力平価から乖離したことを検討するため，国際収支に注目する。日本の国際収支のなかで，資本収支がどうなっているか，を見る。資本収支は「投資収支」と「その他資本収支」から成るが，ほとんどは「投資収支」である。その「投資収支」は直接投資収支，証券投資収支，金融派生商品，その他投資収支から構成される。

図表6-2　日本の国際収支

(億円)

年度	2003	2004	2005	2006	2007	2008	2009	2010	2011	2012	2013年1〜9月
経常収支	172,972	182,379	191,634	212,390	247,221	126,070	163,383	166,595	76,180	43,536	46,392
貿易収支	130,114	131,571	95,633	104,839	116,862	11,589	65,996	64,955	−34,698	−68,921	−70,399
資本収支	205,376	−141,970	−140,413	−152,331	−223,531	−173,053	−152,473	−155,633	29,618	−49,201	17,592
直接投資	−26,192	−27,856	−47,039	−72,217	−68,243	−101,087	−52,994	−52,140	−94,876	−99,208	−99,177
証券投資	−34,663	−1,618	−9,728	151,888	−60,863	−255,956	−137,831	−71,171	57,228	128,961	193,521
その他投資	268,870	−112,902	−67,433	−230,370	−102,308	169,348	35,199	−34,222	50,640	−40,485	−20,268

(出所) 日本銀行『金融経済統計月報』から作成。
(注) 年度ベース

図表6-2は日本の国際収支と資本収支を示す。日本の資本収支は，2003年度には20兆5,376億円の黒字（流入超）であったが，2007年度には22兆3,531億円の赤字（流出超）へ変化した。こうした資本収支の変化を規定した要因は，直接投資や証券投資ではなく，「その他投資収支」である。「その他投資収支」は2003年度には26兆8,870億円の黒字であったが，2007年度には10兆2,308億円の赤字に転換した。「その他投資収支」とは，投資収支のうち直接投資，証券投資，金融派生商品に該当しない全ての資本取引であり，貸付・借入，貿易信用，現預金，雑投資を意味する[3]。後述するように，外国銀行本支店勘定での貸付・借入等がここに含まれると見られる。

対EUの資本収支もほぼ同様の動きであった。対EUの資本収支は，2004年（暦年ベース）に11兆6,930億円の黒字（流入超）であったが，2006年には7兆3,826億円の赤字（流出超）に転換した。2006年における資本収支の内訳を見ると，直接投資が2兆5,643億円の赤字で，直接投資も資本収支赤字の一因となっている。ユーロ圏経済が好調であったために，日本企業が対EU直接投資を増加させたと見られる。しかし，2006年における「その他投資収支」は17兆8,302億円の赤字であり，直接投資よりはるかに大きい。2006年における資本収支赤字の主因は，「その他投資収支」にあったと見られる。

この「その他投資収支」の実態は，外国銀行本支店勘定などの形態で，日本から資金が海外に流出し，海外で運用されていたものと見られる。いわゆる円

キャリートレードである。円キャリートレードとは，「機関投資家・ヘッジファンド等が用いる資金調達・運用取引で，日本円など金利の低い通貨で資金調達して，ニュージーランド・ドルなど金利の高い通貨建て債券などで資金運用して名目金利差を得ようとする取引」[4]とされる。日本では，2006年初頭まで量的緩和政策が実施され，コール市場等短期金利が0.1％近辺まで低下した。外国銀行の日本支店等は，コール市場で円を調達し，これを欧米本国の親会社へ貸付け，親会社は欧米国債等（一部はサブプライムを含む証券化商品に流れていた可能性がある）で運用し，利ザヤを得ていたと見られる。日本銀行が公表している，外国銀行在日支店の資産・負債を見ると，負債においてはコールマネーが2004年における1兆5,406億円から，2007年には10兆1,344億円へ急増している。他方，資産においては，本支店勘定が2001年における11兆9,131億円から，2006年には19兆6,079億円へと増加した[5]。

日本の対EU資本収支のなかでも，「その他投資収支」について，国別内訳を見ると，イギリスがほとんどである。2006年に，対EUで「その他投資収支」は17兆8,302億円の赤字（流出超）であったが，このうちイギリスが12兆2,165億円の赤字を占め，圧倒的である。他方，ドイツは1兆1,208億円の赤字，フランスは2兆6,463億円の赤字であり，両国とも赤字額が増加しているものの，イギリスに比べて金額は限定される[6]。このことは，2006年を中心とする円キャリートレード（円売り・ユーロ買いの一因）が，対EUの場合，ロンドンのオフショア市場経由であったことを暗示している。

2006年を中心として，日本においてゼロ金利で調達された資金は，外国銀行の本支店勘定等で欧米の親銀行へ貸付けられ，円安要因となった。しかし，2007年以降，パリバショックやリーマンショックなどで，欧米で運用されていた資金は一挙に円回帰することとなった。対ユーロで2007年には163円55銭であったが，2008年には122円51銭まで円高が進んだ。さらに2010年からは，ギリシャの財政粉飾等を契機にユーロ危機が発生し，証券投資の形態で，EU圏から日本へ資金が流入した。図表6-2が示すように，日本の国際収支における資本収支は，2008年度における17兆3,053億円の赤字（流出超）から，2011

年度には2兆9,618億円の黒字に転換したが、その主因は証券投資収支である。証券投資収支は2008年度における25兆5,956億円の赤字（流出超）から、2011年度には5兆7,228億円の黒字（流入超）へと激変した。この資金は国債を中心とする債券へ向かったと推定される。国債（国庫短期証券を含む）の保有構造において、海外の比率が、2004年度末における3.3％から、2012年度末には8.4％へ上昇したことからも、海外から日本国債への資金流入が裏付けられる[7]。

（3） 金利平価の視点

　以上で国際収支の視点から為替レートを検討したが、金利格差で為替レートを説明することにもつながる。円キャリートレードが国際収支に影響したことは、内外金利差の発生を前提にしている。金利あるいは金利格差によって為替レートを説明する学説を金利平価説と呼ぶ。

　金利平価説は、関係両国においてそれぞれ一定期間ある資産を運用した場合、その収益は同一になるはずであるという考え方に立つものである。そして、この金利平価説では、将来の金利と金利格差に関する期待が、実質的に為替に最も強く影響する、と考える[8]。米FRBやユーロ圏でのECBが金融緩和に積極的となり、欧米と日本との金利格差が縮小すると、円が買われ、円高となりやすい。金利水準そのものは、欧米が高く日本が低い。しかし、短期的な金利の変化率（金利への期待）では、欧米の金利が低下し、日本の金利は変化が小さい。こうなると、円が買われやすい。2008年以降2012年までは、こうした金利への期待から円高が進んだ。他方、2013年12月にFRBがQE縮小を決めてからは、米国の金利が上昇するという期待が高まり、ドルが買われ、ドル高円安という展開になっている。

　2006年までは日本の金利は低く、ユーロの金利は高く、金利格差からユーロ高・円安が進んだ。ユーロ圏の短期金利（day to day）は2005年に2.089％であったが、2006年に2.84％、2007年には3.87％まで上昇した。ユーロ圏のインフレ率は2008年には3.3％へ上昇したが、2007年にはインフレ懸念も強まっていたため、ECBは政策金利（主要レポオペレート）を2007年年末には4％へ引き

上げていた。このため市場金利も上昇していた。

　他方，日本の無担保コールレート（翌日物）は2005年末には0.001％であったが，2006年7月に量的緩和が一時解除されたこともあり，2006年末には0.125％，2007年末には0.473％となった。しかし，無担保コールレートが上昇したとはいえ，ユーロ圏短期金利とのスプレッドは大きく，2006年には2.715％，2007年には3.397％のスプレッドがあった。

　この金利差により資本流出が発生し，2006年から2007年にかけ，円安・ユーロ高となった。しかし2007年後半にパリバショックが発生し，リーマンショックも加わり，欧州の銀行が証券化商品で傷ついた。ECBは政策金利を引き下げ，内外金利差は縮小した。欧米で運用されていた資金は急速に円に回帰し，円高が進行した。日欧の金利格差と，ユーロ・円為替レートは完全に一致するわけではないが，ほぼ同じトレンドで推移している。

　以上，見てきたように，為替レートを単純な要因で説明することは難しいし，できない。しかし，長期的（10年等の期間）には購買力平価説が為替レートを規定していると考えられる。また短期的（1年から2～3年の期間）には，国際収支や金利格差で説明可能と考えられる。

3　デフレの背景

　日本では，少なくとも2012年までは，デフレが続いてきた。デフレは継続的な物価の下落であり，消費者の観点からは歓迎されるべき面もある。しかし，デフレは不況，あるいは失業率の上昇と結びつけられており，克服されるべき政策課題と一般に考えられている。

　まず事実関係を確認しておく。いわゆるアベノミクスによって，日本銀行は物価上昇率を2％とする目標を設定した。しかし，アベノミクス以前には，日本銀行は物価の安定を政策目標とし，具体的には，消費者物価上昇率（総務省作成，除く生鮮食品）1％を物価安定のメドとしてきた。生鮮食品の価格は天候などの影響を受けやすく，一時的な変動を受けやすいことが，除外の理由であ

る。なお，海外の場合，政策目標としての消費者物価上昇率から石油製品なども除外されているケースが多いものの，日本の場合には含まれている。

日本の消費者物価上昇率（除く生鮮食品）は，1989年から1990年にかけて2.8％上昇となったが，その後，1991年に2.6％上昇に減速し，さらに1992年に2.1％上昇となった。いわゆるバブル期にあっても，消費者物価上昇率は2％台であった。消費者物価には地価，株価等の資産価格は含まれない。その後，1997年に一時的に2.1％上昇となったが，1997年を除くと，2％上昇どころか，ほとんどマイナス（つまり物価の低下）で推移している[9]。2013年現在の消費者物価指数は，2010年を基準に対象品目が見直され，588品目で構成されるが，住宅や土地はやはり除外されている。2013年1月に，2012年の消費者物価上昇率（除く生鮮食品）が発表されたが，4年連続の低下となった。2009年が－1.3％，2010年が－1％，2011年が－0.3％，2012年が－0.1％である。さらに2014年1月に2013年平均が発表されたが，0.4％上昇となった。2012年の場合，マイナ

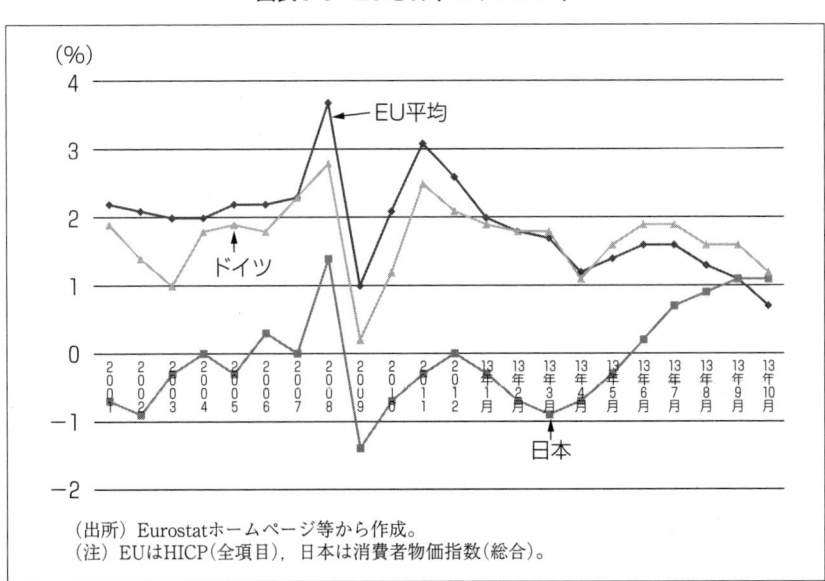

図表6-3　EUと日本のインフレ率

（出所）Eurostatホームページ等から作成。
（注）EUはHICP（全項目），日本は消費者物価指数（総合）。

スの主たる要因は、家電やパソコンの値下がりであり、テレビは−4％、電気冷蔵庫は−29％、ノート型パソコンは−16％であった[10]。

EUの統計であるユーロシュタット（Eurostat）によっても、**図表6-3**が示すように、日本のインフレ率はEU平均、ドイツに比べ、かなり低くなっている。日本のインフレ率は、2001年−0.7％、2002年−0.9％、2003年−0.3％、2005年−0.3％、2009年−1.4％、2010年−0.7％とマイナスになっている[11]。

他方、EU平均の場合、2001年から2007年にかけては、概ね2％台前半で推移している。2008年に3.7％へ上昇した後、2009年には1％へ低下したが、2011年には3.1％へ上昇した。ドイツのインフレ率はEU平均よりも低く、2003年には1％、2009年には0.2％までそれぞれ低下した。他方、ユーロ圏でも南欧諸国でのインフレ率は高い。ギリシャでは2002年に3.9％、2010年には4.7％まで上昇した。またアイルランドでも2002年に4.7％、スペインでは2008年に4.1％、イタリアでは同じく3.5％まで上昇した。EUおよびユーロ圏では、1人あたりGDPが相対的に低い国でインフレ率が高くなる傾向にある。ドイツや北欧諸国など1人あたりGDPが高い国では、インフレ率は低くなる傾向にある。南欧諸国から低価格品（労働力を含む）がドイツや北欧諸国へ流入するため、ドイツや北欧諸国ではデフレ圧力から、インフレ率は低くなる。逆に、南欧諸国ではドイツ等から高価格品（その典型的事例は自動車）が輸入され、物価は上昇しがちである。

米国の場合、2001年から2007年にかけては、インフレ率は2～3％台で推移している。2009年にアメリカのインフレ率は−0.4％となったが、これはリーマンショック等に伴う一時的現象と考えられる。このように見てくると、先進国でも日本のようにマイナスのインフレ率（長期にわたる物価の低下）が続いてきた国は他にないことがわかる。

日本のデフレ要因として、しばしば指摘される要因は、少子高齢化、IT化、新興国の供給増加等である。「急速な少子高齢化、IT革命、新興国の供給力拡大や年金問題・財政赤字などに伴う将来不安で所得予想が下振れ、消費や投資が抑制されたのに、供給力は徐々にしか調整されなかった。このため、需給バ

ランスが悪化し物価・期待インフレ率を低下させた。」[12]筆者はこうした見解に異論はないが，以下で見るように，日本の物価低下が家電製品やパソコンを中心とすることから，新興国の供給増加および日本企業の海外生産による「輸入」増加を最も重視している。そのため，日本での物価低下の特徴を明らかにしておこう。

　物価指数には川上の指数と川下の指数がある。川上の指数とは，企業が取引する際の価格を中心とするもので，かつては卸売物価指数と呼ばれていた。他方，川下の指数とは，消費者に近く，企業から川下へ流通してきた商品の価格であり，消費者物価指数である。まず，川上の卸売物価指数を検討するが，現在は企業物価指数（日銀作成）と呼ばれている。

　企業物価指数（総平均，2005年＝100）を見ると，2003年が97.1と底であり，2011年には105と，緩やかながら上昇している。川上の物価指数の総合では，アベノミクス以前から上昇していることをまず確認したい。特に上昇している製品群は，石油・石炭製品，非鉄金属，鉄鋼などである。非鉄金属の代表は銅であるが，製造業企業が原材料として購入する素材関係の価格が上昇している。石油・石炭製品は2008年に153.8，2011年に135.6，鉄鋼は同じく2008年に132.1，2011年に125.7，非鉄金属は2007年に150.3，2011年に131.9であった（いずれも2005年＝100）。一般に，BRICSなどの新興国が経済成長するに伴い，原油をはじめとする商品市場は実需の増加から高止まりしている。こうした川上での素材価格の上昇は，製造業企業の収益を圧迫してきた可能性が高い。

　しかし企業物価指数でも，電気機器，情報通信機器，電子部品・デバイスなどの価格は大幅に低下している。電気機器は1997年に125.3であったが，2011年には88.5まで低下，情報通信機器は同じく203.2から64まで低下，電子部品・デバイスも同じく155.6から76.9まで低下した[13]。情報通信機器の場合，1997年から2011年までの14年間で価格は3分の1から4分の1まで低下している。

　川下の消費者物価指数を見ると，生鮮食品を除く総合指数で上昇（下落）率−0.1％（2012年）であった。2012年に上昇した品目としては，都市ガス5.5％上昇，国産米8.8〜10.1％上昇，うなぎ22.2％上昇などであった。他方，下落

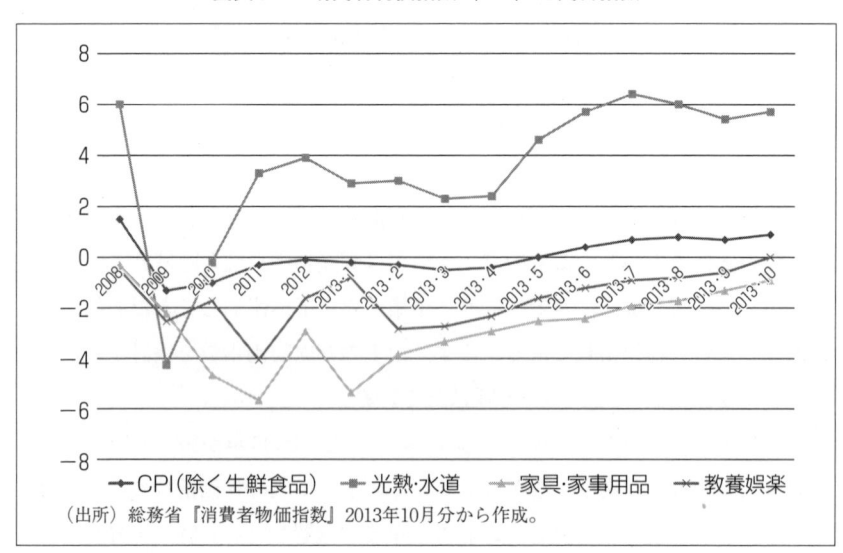

図表6-4 消費者物価指数（CPI）と費目指数

（出所）総務省『消費者物価指数』2013年10月分から作成。

した品目としては，テレビが－4.4％，パソコン－16.4％，電気冷蔵庫－29.4％などであった[14]。

図表6-4が示すように，2011年には生鮮食品を除く総合指数で上昇（下落）率－0.3％であった。価格が下落した品目として，テレビは－30.9％，パソコン（ノート型）は－24％，パソコン（デスクトップ型）は－39.9％，カメラは－28％であった。他方，価格が上昇した品目としては，エネルギー全体で5.8％上昇，灯油は18.4％上昇，ガソリンは9.6％上昇であった[15]。すなわち，日本の物価を下落させてきた品目としては，テレビ，パソコン，カメラ，冷蔵庫などであり，これらの価格動向が日本のデフレを規定する一因となっている。図表6-4で，家具・家事用品に冷蔵庫等が含まれ，教養娯楽にテレビ，パソコン，カメラが含まれるが，2013年に入っても依然としてマイナス（価格下落）である。

　家電製品の価格低下をもたらす最大要因は，中国，韓国，台湾といったアジアメーカーからの安値攻勢であろう。家電製品のデジタル化が進んだが，かつてのアナログ時代に比べ，参入障壁（技術面が中心）は著しく低下したと言わ

れる。このため，今日の家電製品では，新興国市場の広がりもあり，大量生産と低価格商品の供給（コスト削減）が極めて重要になっている。同時に，デジタル家電製品においては，垂直統合型ビジネスモデル（部品生産から完成品までの一貫生産，日系企業）から水平分業型ビジネスモデル（低価格の部品は他社から購入，アジア系企業）への転換が進んだ。パナソニックなど日系企業では，このビジネスモデル転換ができず，高コスト体質をひきずってしまった。日系企業も海外生産比率を高めているが，単に海外シフトするだけでは競争力を保持できない時代に入っている[16]。しかし，日本企業の海外生産が進み，日本の「輸入」が増加し，円高により家電製品の価格が低下した面もある。

　パソコンでは，需要が一巡し，更新需要が中心の成熟段階に入っている。また製品としての差別化が難しく，価格競争が激化している。スマートフォン（高機能携帯電話）が普及するにつれ，パソコンへのニーズが低下しており，更新需要が先延ばしになっている。中国の聯想集団（レノボ，1984年に中国社会科学院の研究者集団が独立，後に米IBMからPC部門を買収。日本ではNECと合弁し，NECレノボ），HP（ヒューレット・パッカード），DELLなどが大きな世界的シェアを有し，日本でも大きなシェアを有している[17]。

　奥村宏氏は，「2012年3月期にパナソニックとソニー，そしてシャープがいずれも創業以来の大赤字を計上するに至った大きな原因はテレビ事業の赤字にある。」[18]と近著で書いている。日立，東芝，三菱電機といった総合電機は2009年ごろにテレビなど家電から撤退したが，ソニーなど家電3社は依然として家電が中心であった。薄型テレビの日本での普及率は80％を超え，海外でも普及率が上昇した。薄型テレビのインチあたり単価はブラウン管テレビを下回り，低価格化に拍車がかかっている。韓国のサムスン，同じく韓国のLG（金星），台湾の鴻海がシェアを高め，日系企業は衰退している。以上，パソコン，テレビなど家電製品では，中国，韓国，台湾メーカーの攻勢が続いており，価格低下が著しい。このため，消費者物価指数を押し下げている。

　2013年に入り，消費者物価上昇率はプラスに転じ，アベノミクスの成果との評価もある。しかし，費目指数が示すように，光熱・水道が6％前後で物価

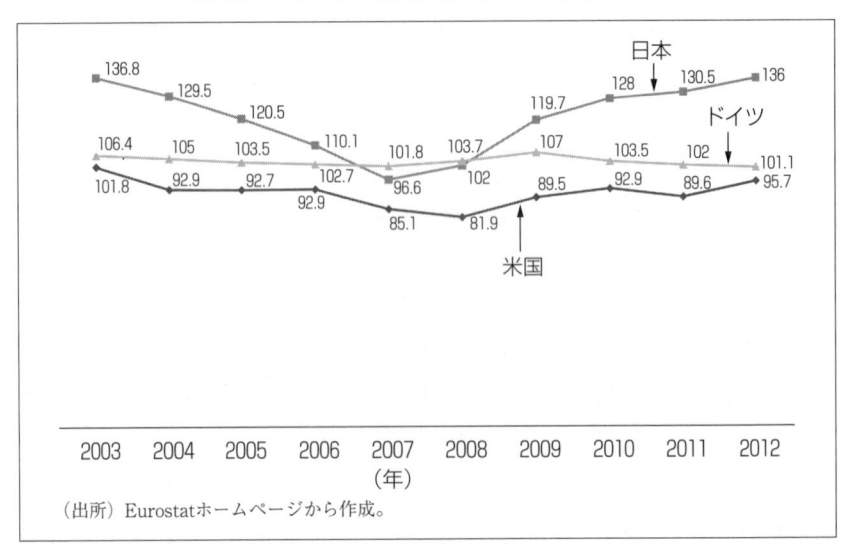

図表6-5　日米独の消費価格比較（EU平均＝100）

日本：136.8　129.5　120.5　110.1　101.8　103.7　119.7　128　130.5　136
ドイツ：106.4　105　103.5　102.7　101.8　102　107　103.5　102　101.1
米国：101.8　92.9　92.7　92.9　85.1　81.9　89.5　92.9　89.6　95.7

2003　2004　2005　2006　2007　2008　2009　2010　2011　2012
（年）

（出所）Eurostatホームページから作成。

を押し上げている。これは電気料金が8.2％上昇（2013年10月）等，エネルギー関係に起因している。原発稼働停止や，円安による原油上昇等による影響である。この他，ガソリンも7.1％上昇している。すなわち2013年6月以降，消費者物価上昇率がプラスに転じたことは，原油等の価格動向と円安に起因している。

図表6-5は，EUが発表している，日米独における家計の消費財の価格水準比較である。2000年に，EU＝100とした場合，日本の消費財価格は198.7もあり，この水準が2000年代を通じ，低下してきたことがわかる。しかし2013年現在でも，日本の価格水準は136であり，EU平均よりも3割以上高い。依然として，内外価格差の調整は継続すると見られる。特に，輸入で代替されない，内需型価格（例えば家賃等）などは高いが，下落による調整が続くと見られる。

実質賃金の上昇率を見ると（**図表6-6**），全体としては2013年7月以降，下落（マイナス）が続いている。2013年8月には－2％となり，9月以降も－1.4～1.5％（ボーナスを含む現金給与総額）である。これは消費者物価が上昇しているにもかかわらず，名目賃金が上昇しないため，であろう。ただし，製造業（30人以上）

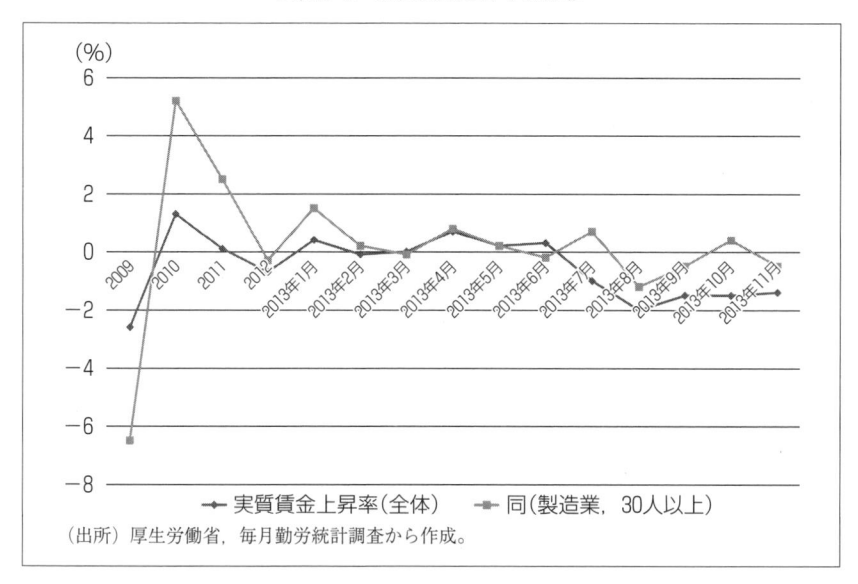

図表6-6　実質賃金上昇率の推移

（出所）厚生労働省，毎月勤労統計調査から作成。

では，2013年10月にはプラス0.4％となるなど，比較的好調である。トヨタ自動車など円安メリットを受け，国際競争力がある企業や産業では企業業績の回復に伴い，ボーナス等が増加している。しかし，こうした回復は部分的なものにとどまり，全体の実質賃金は低下している。2013年通年での実質賃金指数は－0.5％となった。また2013年通年での月間平均給与は314,054円で3年連続減少となった。2014年4月の消費税増税で景気は悪化するリスクがある。

4　まとめに代えて

　円の為替レートは，外部要因によって左右されてきた。2007年前には，円キャリートレードの活発化等から，円安が進行した。しかしリーマン危機以降，欧米の金融危機が深刻化し，怒涛のような円高に見舞われた。そして消費者物価が低下するデフレも深刻化した。2014年に入り，円安が進み，消費者物価が上昇し，アベノミクスは「成功」しているように見える。しかし，それは

ユーロ圏や米経済が安定している限り，である。ユーロ危機等が再発すれば，円高に回帰するリスクは依然として強い。

注）
1） 例えば，岩田規久男編，『まずデフレをとめよ』，日本経済新聞社，2003年2月参照。
2） 公益財団法人　国際金融情報センター　理事長　加藤隆俊氏による，中央大学経済研究所・国際金融研究会報告「国際金融情勢の諸課題」による。
3） 『日本銀行統計』，2008年，208ページの脚注による。
4） 河合正弘，高木信二，「7　為替レートと国際収支」，経済社会研究所，2010年8月，244ページ
5） 『日本銀行統計』，同，86ページ。
6） 『財政金融統計月報』，国際収支特集，各号参照。
7） 『債務管理レポート』，財務省，2012年版，155ページ
8） 湯本雅士，『デフレ下の金融・財政・為替政策』，岩波書店，2011年，148ページ。金利平価説にはカバー付きとカバーなしがあるが，湯本氏はカバーなしが為替相場の変動に関係するとしている。
9） 日本銀行，『金融経済統計月報』，2009年2月号，65ページ
10） 日本経済新聞，2013年1月25日付
11） Eurostatでは，日本のインフレ率として，消費者物価指数（総合）を使用していると見られる。生鮮食品，エネルギーが含まれる。
12） 翁邦雄，『ポスト・マネタリズムの金融政策』，日本経済新聞社，2011年，219ページ。元日銀審議委員・須田美代子氏の講演からの引用である。
13） 『日本銀行統計』，2012年，286ページ
14） 総務省統計局，「平成22年基準　消費者物価指数」，平成25年1月25日
15） 同，「平成23年平均消費者物価指数の動向」
16） 2010年度の製造業海外生産比率は，2009年度の17％から18.1％（全法人ベース）へ上昇した。しかし2007年度の19.1％より低い。他方，業種別では，最高は輸送機器の39.2％，2位が情報通信機器の28.4％となっている。『第41回　海外事業活動基本調査（2011年7月調査）概要』，経済産業省参照。
17） 丸川知男，『現代中国の産業』，中公新書，2007年，pp153〜180参照。またレノボやHPなどは，法人向けの大量販売で，大幅値引きをすると言われる。
18） 奥村宏，『パナソニックは終わるのか』，東洋経済新報社，2012年，208ページ

第7章 為替介入の仕組みとアベノミクス

日本の為替介入は国際的に見ても特異である。2004年，2011年には，バブル期を超える介入が実施された。しかし，外国為替資金特別会計には保有する米国債の評価損が累積している。アベノミクスのもと，マネタリーベース増加の手段として活用される可能性もあろう。

1 はじめに

　本章は，外国為替市場への介入について，その仕組みを明らかにし，その問題点を検討する。進行する円高に対し，財務省はしばしば為替介入（正式には為替平衡操作）を実施してきた。為替介入の主役は，財務省であり，外国為替資金特別会計によって資金がファイナンスされ，その資金が日本銀行（以下，日銀）に委託されて，同行が代理人として為替市場へ介入（多くは円売り・ドル買い）する。このため，日銀の為替介入を論じるには，外国為替資金特別会計との関連が重要な論点となる。同特別会計には，自己資本に近い「積立金」があるが，2010年以降，保有する米国債の評価損が積立金を大幅に超過しており，債務超過状態とも言える[1]。

　為替介入が実施されると，国庫短期証券（外国為替資金証券）は多くが日銀引受で発行される。その後，財務省が同証券を公募発行し，日銀引受の同証券は償還される。このため，6か月程度では不胎化（金融緩和効果はゼロ）されるが，介入後の1か月程度は金融緩和効果を持っている。このため，日銀によるマネタリーベース増加要因のなかで，為替介入と国庫短期証券は重要な役割を担っている。

　日銀は白川総裁時代（2013年3月まで），いわゆる「日銀券ルール」を原則としてきた。日銀が保有する長期国債残高は，日銀券残高を超えない，という

109

ルールである。このルールの下では，買い切りオペの金額を増加させても，残存期間の短い銘柄（国庫短期証券など）を買えば，すぐに償還され，国債保有残高が増加しにくかった。このため，日銀にとっては，介入による国庫短期証券（為券が中心）の引受や買いオペは，消極的にせよ，ひとつの選択であったと見られる。2011年には為替介入が実施されたが，資産買入基金が大きな役割を果たした。

しかし2013年4月，アベノミクスと黒田総裁の登場により，資産買入基金は廃止され，「日銀券ルール」も棚上げされた。為替レートが円安に動く限り，介入が実施される可能性は小さいが，円高になれば介入が実施される可能性が高まる。その場合，為替介入がマネタリーベースを増加させる手段として，意図的に活用される可能性もあろう。

2　為替介入の日本的特質

デフレが進行すると，相対的購買力平価（インフレ率格差）から見ても，為替レートは上昇しやすくなる。また円高は輸入品価格の低下をもたらすので，円高がデフレを促す。結局，デフレと円高はスパイラル状態で加速する。急速な円高は，輸出に依存する国内製造業に深刻な影響を及ぼすとされる。このため，過去において，日本銀行は財務省の代理人として，外国為替市場に介入を行ってきた。周知のように，我が国では，外国為替市場への介入の主体は財務省であり，日銀は代理人として介入するに過ぎない。介入の決定権は，財務相，財務省財務官にある。現在の日銀法でも，「本邦通貨の外国為替相場の安定を目的とするものについては，（中略）国の事務の取扱いをする者として行うものとする」（第40条第2項）と規定している[2]。この基本的仕組みは，国際的に見ると，かなり特異である。ユーロ導入以前，ドイツでは連銀が為替での介入主体であった[3]。このため，日本のように，国（財務省）と中央銀行（日銀）間でのファイナンス問題は発生しなかった。この関係はECBにも継続されており，ECBのホームページには，EU条約の127条，219条に基づき，ECB（ユーロシ

第7章　為替介入の仕組みとアベノミクス

図表7-1　世界の公的外貨準備増減

(10億ドル)

地域・国 \ 年	2006	2007	2008	2009	2010	2011	2012	残高(2012)
世界（計）	933	1,451	642	819	1,100	940	746	10,950
先進国（計）	91	99	61	83	194	269	195	2,232
米国	3	5	4	1	2	0	−2	50
ユーロ圏	17	19	−1	−8	13	1	12	220
日本	46	73	55	−7	39	185	−28	1,194
スイス	2	7	0	47	126	54	197	468
アジア（計）	396	695	410	715	651	424	239	5,351
中国	247	462	418	453	448	334	130	3,312
ラテンアメリカ（計）	54	127	42	25	81	97	51	694
産油国（計）	286	331	144	−62	107	141	222	1,785

(出所) BIS, *Annual Report*各号
(注) 年末時点　産油国は，ロシア，ノルウエー，中東等。

ステム）は外国為替市場に介入できるとされている。同時に，ECBの基本的な役割（Basic tasks）のなかで，為替操作が明記されている。他方，米国では，介入主体は財務省であるが，介入原資としてのESF（為替安定化基金）の資金に制約があること，中央銀行（連銀）と資金を折半すること，で日本と異なる。

2006年以降，先進国ではほとんど為替介入を実施する国はなく，例外は日本とスイスである。**図表7-1**は，BISが公表している世界の公的外貨準備（増減）額の推移である。アメリカが上記のような理由もあり，ほとんど為替介入を実施していない。またECBも同様であり，外貨準備の変動は最高で2007年の190億ドルである。しかし日本は2010年に390億ドル増加，2011年に1,850億ドル増加と突出している。この外貨準備増加額は中国に次いで，世界第2位である。また残高ベースでも日本の外貨準備額は1兆1,940億ドルと，中国の3兆3,120億ドルについで，世界2位である。

米国が中国の人民元に対し，実質的な固定相場を批判していることは周知である。中国との関係もあったと推察されるが，米財務省は2011年年末に日本

の為替介入（2011年秋の介入）を批判した。震災後の協調介入と異なり（2011年3月），米国は2011年後半（10月～11月）の介入を支持しない，と明言した[4]。このように，為替介入に関し，日本の対応は国際的にも特異であり，批判も受けている。

3　為替介入の歴史的経緯

　日本では財務省（財務大臣）が介入主体であり，日銀は代理人として介入する。この点がECBなどとの大きな相違であり，中央銀行の独立性（政府からの独立性）といった観点から大きな問題がある。財務省は為替平衡操作を公表している（1991年以前については非公表）。**図表7-2**は1986年以降の日銀介入（外国為替平衡操作）額について示すが，四半期ベースとして，最大の介入は2004年第1四半期における14兆8,315億円である（谷垣禎一財務相，溝口善兵衛財務官，福井

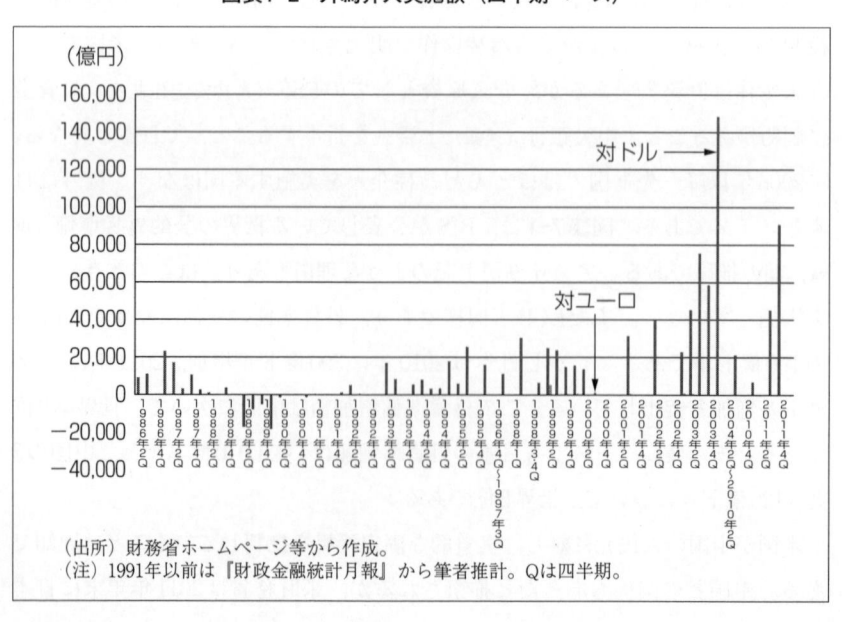

図表7-2　外為介入実施額（四半期ベース）

（出所）財務省ホームページ等から作成。
（注）1991年以前は『財政金融統計月報』から筆者推計。Qは四半期。

俊彦日銀総裁)。この時期は2002年から2005年にかけて円高が進み，1ドル＝105～112円，116～118円の水準で，2004年1月から3月にかけ連日のように介入が実施された。この時期は1日あたりの介入が数千億円規模で実施され，1日あたりの介入額最高は，2004年1月30日の3兆238億円であった。また，後述するように，日銀は不胎化政策としての売りオペ等を実施せず，日銀ベースマネーは積み上がった。

その後，2004年後半から2010年前半まで，全く介入が実施されなかった。実施されなかった背景として，国会などで日銀の為替介入への批判が高まったことが推定される。介入の効果が小さい，外国為替資金特別会計による米国債の保有が増加し米国財政のファイナンスを支えている，外国為替資金特別会計が財政民主主義の観点から問題である，等々の批判がなされた。特別会計全体に共通するが，一般会計と異なり，特別会計では予算が国会に提出されて審議・議決されるわけではない。また介入原資としての外国為替資金証券（国庫短期証券）の発行上限については，国会で承認が必要だが，介入に伴い引き上げられてきた。外国為替資金証券の発行限度額は2004年度には140兆円であったが，2012年度には195兆円（2013年度も同じ）まで引き上げられてきた。

BISの調査によると，2010年に全世界で円ドル取引は5,680億ドル（1日平均）取引され，日本国内に限定しても1,960億ドル（1日平均）取引されていた。しかし，日銀が介入する金額は，250～260億ドル（2010年9月15日の介入額）といった規模である。外国為替市場の規模と比較すると，日銀の介入額は小さく，効果も限定されざるをえない[5]。

また欧米の中央銀行との協調介入か，日銀の単独介入か，という問題もある。2000年以降2011年の震災前まで，日米の通貨当局が協調介入したことは一度もなく，2003～2004年も2010年も日銀は単独介入であった。このため日銀の介入額が膨張する一因になったと見られる。

2004年3月から2010年9月まで，6年半にわたり介入は実施されなかった。しかし2010年9月15日，2兆2,149億円の円売り・ドル買い介入が実施された（野田佳彦財務相，玉木林太郎財務官，白川方明日銀総裁）。また2011年3月18日，

6,925億円の円売り・ドル買い介入が実施（同）された。震災直後であり，10年半ぶりの日米欧協調介入であった[6]。

さらに2011年第4四半期には9兆916億円の介入となった。四半期ベースで，2004年第1四半期における14兆8,314億円に次ぐ，介入額となった。1986年～1987年のバブル形成期に実施された為替介入は月間1兆円前後であり，2011年10月31日の8兆円超という金額ははるかに大きい。しかも，不胎化としての即日売りオペを見送り，金融緩和を強めた[7]。

2012年2月10日，安住財務相は衆院予算委員会で，2011年10月31日～11月4日の介入に関し，「75円63銭で指示し，78円20銭でやめた」と為替介入のレートに関して発言したことは，記憶に新しい[8]。

日銀は独自の資金で介入するのではなく，外国為替資金特別会計の円資金（外国為替資金証券発行によりファイナンス）を財務省の代理人として，為替市場で売り，ドルを買う。外国為替資金特別会計は，戦時期の持高集中制等にまで遡るが，1951年にそれまでの外国為替特別会計を組み替えられて設置された。その後，1963年に為替平衡勘定が創設され，平衡操作（為替介入）が開始された[9]。

4　外国為替資金特別会計の仕組み

図表7-3が示すように，外国為替資金特別会計の損益は，損失としては借入金利子が中心で，これは外国為替資金証券の利払い費である。極めて低い金利で同証券が発行されてきたため，2011年度にあっても，借入金利子は1,177億円にとどまっている。損失における一般会計繰入とは，毎年の公債発行等特例法で規定されたもので，利益処分での一般会計繰入とは別である[10]。他方，利益は運用収入と「外国為替等売買差益」から成る。運用収入は，介入により購入したドル資金をドル建て債券等で運用しており，発生する金利収入である。2004年に大規模な為替介入が実施され，保有する外貨証券が急増したため，運用収入も2003年の1兆7,450億円から2005年には3兆138億円に増加した。

第7章　為替介入の仕組みとアベノミクス

図表7-3　外国為替資金特別会計財務指標（億円）

年度（末）	1999	2000	2001	2002	2003	2004	2005	2006	2007	2008	2009	2010	2011	2012(予)	2013(予)
損益															
（一般会計繰入）													2,309		
借入金利子	322	1,109	88	27	74	54	76	3,517	6,022	5,279	1,668	1,263	1,177	1,363	12,292
予備費												3,500		750	3,000
利益															
外国為替等売買差益	9,104	1,808	828	35	19,234	9	12	47	414	841	1,576	3,195	2,872	1,200	1,300
運用収入	17,177	21,681	21,063	18,978	17,450	22,518	30,138	39,066	45,117	38,402	29,481	27,290	23,577	21,201	20,752
本年度利益	26,058	22,332	21,744	17,353	36,456	22,255	29,653	35,322	39,268	33,761	29,225	29,819	25,571	19,996	6,295
資産・負債															
資産															
円貨預金	104,434	119,681	128,696	127,153	133,192	155,711	157,552	174,013	193,819	218,449	216,202	207,663	166,751	153,298	119,967
円貨預け金											3,984	9,166	9,569	10,215	10,215
外貨預金	75,680	70,812	70,377	79,645	205,416	131,589	137,325	145,039	137,162	88,631	33,705	9,805	12,550	7,053	7,030
外貨預け金										5,460	14,196	14,940	14,460	30,177	37,567
金地金	342	332	376	428	474	499	567	801	929	993	1,137	1,258	1,425	1,585	1,585
外貨証券	244,445	265,787	357,766	429,685	584,373	703,244	755,014	822,343	882,553	854,405	788,895	772,856	826,008	894,364	1,573,676
IMF出資	19,290	19,886	22,097	21,416	21,394	21,223	22,427	24,052	22,630	18,386	18,677	17,109	19,694	18,958	18,958
外国為替等評価損	56,270	18,247	—	—	19,885	37,631	—	—	—	101,704	128,713	84,666	64,895	—	—
外国為替等繰越評価損	30,096	86,366	104,613	59,415	56,677	76,562	114,193	84,243	45,663	32,579	134,282	262,995	347,661	412,557	332,627
負債															
外国為替資金証券	355,730	438,065	486,274	56,5254	850,397	947,207	959,747	993,246	1,029,336	1,068,697	1,045,354	1,093,130	1,150,870	1,189,546	1,855,892
IMF通貨代用証券	16,920	15,196	16,683	17,169	17,402	16,987	18,985	20,703	22,657	19,370	15492	13,406	15,988	18,214	17,685
資金	—	—	45,198	2,738	—	—	29,950	38,580	13,084	—	—	—	—	79,929	—
積立金	7,556	7,556	7,556	7,556	75.56	7,556	7,556	7,556	7,556	7,556	7,556	7,556	8,314	8,314	8,314
合計	87,173	98,731	107,363	109,406	111,760	134,026	142,091	155,524	174,557	195,825	205,586	205,586	204,828	210,674	211,384
翌年度の一般会計に繰入	534,722	584,081	687,079	720,912	1,024,979	1,129,436	1,190,289	1,254,028	1,287,974	1,327,441	1,359,426	1,399,423	1,480,365	1,545,611	2,118,508
	15,000	14,500	13,700	19,700	15,000	14,190	16,220	16,290	18,000	24,000	25,007	27,023	19,725	19,286	

（出所）参議院予算委員会、『財政関係資料集』から作成。

2007年のリーマンショック前後にはアメリカでも金利が上昇したため，4兆5,117億円もの運用収入となった。

　利益における「外国為替等売買差益」とは，「外国為替基準相場」と実際の介入時の為替相場との評価益に近いものである。外国為替資金特別会計では，財務大臣が告示し日銀が発表する「外国為替基準相場」にもとづいて財務書類が作成される。この基準相場は，前々月の実勢相場の平均である。通常，介入が実施される場合，円高が急速に進展しており，基準相場と実際の介入相場には乖離が発生する。例えば，2011年10月の基準相場は1ドル＝77円であったが，実際の介入は安住財務相の発言にもあるように，75円63銭等で実施されている。このため，1ドルの購入価格は77円と75円63銭の乖離である1円37銭分の「外国為替等売買差益」を発生させることとなる。大規模介入が実施された2004年1～3月について，2003年度には1兆9,234億円の外国為替等売買差益が計上されている。

　外国為替資金特別会計の損益は，以上のように，損失としての借入金利子，利益としての運用収入と外国為替等売買差益から構成されており，年度によって変動するが，2～3兆円の利益が計上されている。

　この利益は「翌年度の一般会計に繰り入れ」と「積立金」に処理される。2003年度の場合，利益は3兆6,456億円であったが，一般会計には1兆5,000億円が繰り入れられ（41％），積立金に2兆1,456億円が計上された。しかし2010年度には，利益は2兆9,819億円に対し，一般会計繰入は2兆7,023億円（90.6％），積立金には2,796億円が計上された。傾向としては，一般会計繰入が増加し，積立金計上は減少している。第9章の**図表9-2**が示すように，小泉政権時に一般会計の赤字削減がはかられ，特別会計余剰金の一般会計への組み入れが強まった。

　積立金は，財務省によると，①内外金利の逆転による将来の歳入不足に備え，②円高が進行した場合の外貨資産の評価損の拡大に備えるため，特別会計の健全な運営に必要とされる。このため，年度末における「外貨資産」（外貨預金，外貨貸付，金地金，外貨証券，特別引出権，外国為替評価損の合計から，外国為替評価

益を控除)の30%を積立限度額としている[11]。しかし実際の積立金は20兆5,586億円(2010年度)であり、14兆3,503億円不足している。

　さらに問題は、外国為替資金特別会計の利益を処分し、一般会計に繰り入れる、あるいは積立金へ計上する際、ドル建ての利益を円建てとみなし、外国為替資金証券を発行し、その調達された円資金で利益処分していることである。すなわち、同会計の利益は、外貨証券の金利収入、外国為替等売買差益から構成されるが、これらはドル建てである。しかしドル資金を売却し、円資金に転換することは、円高要因になるので、できない。そこで本来、ドル建ての利益を、円建てとみなし、外国為替資金証券を発行して円資金を調達し、その調達された資金で利益処分している。この結果、為替介入が実施されないのに、外国為替資金証券の残高が積み上がっていくことになる。2004年度から2009年度まで為替介入は実施されていないが、外国為替資金証券の残高が増加しているのは、こうした手法の反映である。

　介入により取得されたドル資金は、主として外貨証券で運用されるが、1999年における24兆4,445億円から2011年度には82兆6,008億円まで増加している。同時に、外国為替基準相場の変動により、外貨証券の評価損が発生し、繰越評価損として累積している。繰越評価損は1999年には3兆円超であったが、2011年には34兆7,661億円まで膨らみ、2012年(予)では41兆2,557億円に達すると見込まれている。他方で、積立金残高は2011年度末に20兆4,828億円で、初めて繰越評価損との逆転が発生している(**図表7-3**参照。なお、特別会計は会計検査院の監査が終了しないと決算とならない)。企業会計でも、保有有価証券の評価損が大きくなれば、期間損益に反映されるが、特別会計では期間損益と保有有価証券の評価損が切り離されており、大きな問題と言わざるをえない。そして利益が発生しているとみなし、外国為替資金証券を発行し、一般会計繰入されている。外国為替資金証券は、隠れた赤字国債という側面も持っている。

5 米国債の最大手投資家としての外国為替資金特別会計

外国為替資金特別会計では，近年，徐々に情報開示されている。これはSWF（政府系ファンド）の残高増加に伴い，IMFやOECDなどから情報開示の要請があったためと見られる。現在，日本の外国為替資金特別会計では，**図表7-4**が示すように，外貨証券の満期構成，国債と国債以外の内訳が公表されている。アメリカの介入勘定であるESF（為替安定勘定，財務省）とSOMA（公開市場勘定，FRB）が通貨建て内訳も公表していることを考慮すると，外国為替資金特別会計のディスクロージャーは決して進んでいるものではない。またECBも外貨準備の通貨別内訳を公表しており，日本よりも開示されている[12]。

外国為替資金特別会計では，外貨証券の満期別構成を公表している。外国為替資金特別会計が，短期債の構成比を低め，中期債の構成比を高めてきたが，運用利回り（収益性）を高めるため，であったと見られる。金利収入を増やせば，利益が増え，一般会計繰入も増やせるからである。しかし，中期債へのシフトは金利リスクを高めることでもある。

次に，外国為替資金特別会計が保有する外貨証券の，国債と国債以外の構成について見る。同会計が保有する外貨証券のうち，2007年度に国債は63兆918

図表7-4 外国為替資金特別会計の保有外貨証券（億円，10億ドル）

年度末	2007	2008	2009	2010	2011	2012
満期1年以下	245,909	209,340	145,121	87,661	111,339	98,371
1年超5年以下	428,639	459,368	464,141	473,972	508,414	603,286
5年超	249,939	231,735	210,431	232,597	244,414	293,093
国債	630,918	617,439	580,002	547,094	644,339	770,609
国債以外	293,568	283,005	239,690	247,136	219,829	224,140
米国債（10億ドル）	597.4	686.7	783.3	908.1	1,080.3	1,111.2

（出所）財務省および米財務省
（注）米国債は日本による米国債保有額で民間含む。
　　　2012年3月の基準相場は1ドル＝77円
　　　2013年3月の基準相場は1ドル＝89円

億円であったが，国債以外は29兆3,568億円であった。2012年度には国債は77兆4,339億円で，国債以外は22兆4,140億円であった。国債は増加したが，国債以外は減少している。外国為替資金特別会計で保有する「国債以外」とは，実質的に米国政府関係機関であり，FNMA（ファニーメイ），FHLMC（フレディ・マック）等と推定される[13]。

　保有する国債については，ほとんどが米国債と見られる。日本の外国為替資金特別会計による介入は，米ドル買い操作が中心であり，ユーロ買いはわずかである。アメリカの財務省・FRBから公表されている米国債の国別保有額（民間分を含む）を日本について見ると，2012年度末（2013年3月）に1兆1,112億ドルである[14]。他方，外国為替資金特別会計による国債保有額は2012年度末に77兆609億円であり，基準相場でドル建てに換算すると，8,659億ドルとなる。したがって日本による米国債保有額1兆1,112億ドルのうち，8,659億ドルが外国為替資金特別会計によって保有され，78％を占めていることになる。また米財務省・FRBにより公表されている海外での米国債保有額の合計は2013年3月に5兆7,250億ドルであるから，日本の外国為替資金特別会計が単独で米国債の海外保有分の15.1％を占めている。日本で為替介入すると，米ドル買い，米国債買いとなり，結果として米国財政のファイナンスと米金利の低下をもたらしている。このコストは外国為替資金証券の発行残高累増と米国債による評価損である。

6　外国為替資金証券の性格

　日銀が財務省の代理人として為替介入する際，財務省は外国為替資金特別会計で外国為替資金証券を発行し，円資金を調達する。外国為替資金証券は政府短期証券（FB）の1つであるが，政府短期証券が短期国債（TB，割引短期国債）と統合され，国庫短期証券となっている。しかし外国為替資金証券は，外国為替資金特別会計法第83条第1項にもとづき発行されており，発行根拠にもとづく名称は存続している。外国為替資金証券を含み，政府短期証券は発行限度額

が決められており，これは国会の議決対象である。しかし，補正予算が組まれると，通常発行限度額引き上げが国会で認められてきた。政府短期証券は割引債で，償還期間は2～6か月となっている。

政府短期証券は財務省証券，財政融資資金証券，石油証券，原子力損害賠償支援証券，食糧証券，そして外国為替資金証券から成るが，残高では圧倒的に外国為替資金証券から成る。2012年度末に，政府短期証券残高は115.3兆円であるが，このうち114兆円が外国為替資金証券である。1999年3月まで，外国為替資金証券はほぼ日銀引受であった。また公定歩合以下の低い金利での発行であったため，日銀引受以外には消化できなかった[15]。

本来，外国為替資金証券など政府短期証券は一時的な資金繰りのために発行される[16]。しかし2012年度末で政府短期証券残高は115.3兆円にまで積み上がっており，普通国債，財投債，借入金，政府短期証券合計額991兆円の11.6％に達している。政府短期証券は一般会計への繰入に利用され，本来の趣旨から大きく逸脱している。

7　白川総裁から黒田総裁へ

福井総裁時代の2004年には第一・4半期に14兆8,314億円もの為替介入が実施された。特に月間の為替介入額が7兆円を超えた2004年1月には，政府短期証券の公募比率は58.6％まで低下し，為替介入の巨額化に伴い日銀引受が増加したことになる。図表7-2が示したように，2004年の介入額は，バブル発生の背景として批判された，1986～1987年の介入額をはるかに上回っている[17]。

白川総裁のもと，2010年から資産買入基金が開始された。2010年以降，日銀の金融緩和は主として資産買入基金によって担われてきた。また2011年の金融緩和は2000年以降では最大規模であった。

資産買入基金が成立した背景には，いわゆる「のりしろ」問題（＝日銀券発行残高－長期国債保有残高）があったと見られる。2009年末に日銀が保有する長期国債残高は48兆2,390億円であったが，同時期に日銀券発行残高は80兆9,543

億円で，単純に計算すれば，32兆7,153億円ののりしろとなる。しかし2012年末に保有する長期国債残高は89兆1,786億円（資産買入基金分を含む）で，日銀券残高は86兆6,533億円と逆転した。日銀は日銀券ルールに関わり，資産買入基金による国債保有は日銀保有に含まれない，としてきた。

そもそも，なぜ日銀券ルールで日銀券残高以内に長期国債保有額をとどめてきたのか。白川方明前総裁の講演によると，「中央銀行による国債買入れオペは，銀行券の供給や金融政策の運営のために行われるものであり，財政ファイナンスや国債金利の安定を目的として行われているものではありません。」[18] 日銀は国債買入れオペを日銀券供給のため行うので，日銀券の範囲内に国債保有をとどめる，ということであろう。しかし，政治的な圧力がかかるなかで，日銀による国債買入れオペを増額せざるをえなくなり，日銀券ルールと別枠とする資産買入基金が2010年10月に創設された，と考えられる。

日銀券ルールと関連して，日銀が重視してきた問題が，買い入れた国債の残存期間構成である。残存期間が長めの国債を日銀が買い入れた場合，満期まで保有するため，国債保有額が大きくなりがちである。他方で，残存期間が短い長期国債を買い入れた場合，すぐに償還されるため，保有額には影響しにくい。白川前総裁によると，2010年度に買い入れた長期国債（フロー）の残存期間構成は，1年未満が7.4兆円（34.4％），1〜3年が5.7兆円（26.4％），3〜10年が7.1兆円（32.9％），10年超が1.5兆円（6.9％）であった。これらの平均残存期間は3.8年であった[19]。白川前総裁によると，平均残存期間が約4年で，2010年度に21.6兆円買い入れており，将来的には長期国債保有額80兆円に近づいている，という[20]。これは「のりしろ」が無くなることを意味していた。

こうした日銀券ルール（日銀保有国債の残存期間が長くなり，のりしろが無くなるリスク）と日銀への国債買入れ額増額の要望（政治的な圧力）という対立する問題のなかで，日銀は国庫短期証券の買い取りについては，比較的抵抗が少なかったと考えられる。

介入に伴い，2011年の月末時点での日銀の政府短期証券保有残高は，7月末における16兆9,777億円から8月末には21兆4,020億円，10月末における15兆

図表7-5　マネタリーベースと日銀の国債保有（億円）

	2005	2006	2007	2008	2009	2010	2011	2012	2013
マネタリーベース	1,166,406	947,777	959,786	1,012,610	1,058,477	1,095,070	1,250,788	1,384,747	2,018,472
日銀券残高	792,705	798,367	812,777	814,783	809,542	823,143	839,968	866,533	901,431
長期国債保有額（基金含む）	631,337	515,134	481,531	413,404	482,390	569,130	661,400	891,786	1,416,007
国庫短期証券（同上）	357,837	290,829	223,081	217,851	237,510	198,252	240,564	244,982	397,950
資産買入基金残高	—	—	—	—	—	262,514	420,237	670,834	—

（出所）日本銀行統計および日銀HP
（注）年末残高ベース

4,868億円から11月末には23兆8,334億円と急増した[21]。2011年の為替介入と金融緩和において，資産買入基金のよる政府短期証券引受が重要な役割を果たした。**図表7-5**が示す2012年末の資産買入基金67兆834億円のうち，国庫（政府）短期証券は9.5兆円であった。

　白川総裁時代に存在した，日銀券ルールや資産買入基金といった金融緩和への形式的ブレーキすら，アベノミクスと黒田総裁によって廃止された。**図表7-5**が示すように，黒田総裁就任前の2012年末に，マネタリーベースは138兆円であったが，2013年12月には202兆円と急増している。その急増は，主として長期国債保有額が同時期に89兆円から142兆円に急増したことの結果である。黒田総裁となって以降，長期国債の買い切りオペが月間約4兆円程度（純増ベース）で実施されている。また同時に，国庫短期証券も約24兆円から約40兆円にほぼ倍増している。2012年度の新規財源債発行額は年間で約43兆円であるから，月間換算で3.6兆円となる。アベクロノミクスとも言われる金融政策は，明らかに財政ファイナンスとなっている。

　白川総裁時代にも，すでに日銀による社債やCPの買いオペが開始されていた。これは，金融政策が個別企業の信用リスクに踏み込み，資源配分機能（特定の産業や企業に低金利で資金を供給）を持つことを意味する。しかし，本来，資源配分機能は，市場外から公共財を供給するという財政政策に固有の機能である。この意味でも，現在の金融政策は財政政策化しており，二重の意味で金融政策

は財政政策となっている。

8　まとめに代えて

　以上見てきたが，問題点を要約して，小括としたい。第一に，為替介入の権限が政府・財務省にあり，中央銀行としての日本銀行は代理人にすぎない。このため，金融政策が政治的に歪められやすい。同時に，欧米と比較しても，特異であり，2011年には米財務省から批判されている。第二に，外国為替資金特別会計については，保有する外貨建て証券の評価損が，積立金を超えており，健全性に問題がある。また保有すると推定される米国債等は膨大であり，米金利動向によるリスクが内在している。第三に，外国為替資金証券は国庫短期証券の中心であるが，一時的な資金繰りという本来の趣旨から乖離し，115兆円まで積み上がっている。第四に，日銀の為替介入は，1986年〜1989年のバブル期でも2兆円程度（四半期ベース）であったが，2004年1〜3月には14兆円超，2011年10〜11月にも9兆円といった巨額の介入が実施された。2011年の介入は，資金買入基金の影響もあり，大幅な金融緩和となった。最後に，黒田総裁となって以降，金融政策は財政ファイナンスと化しており，為替介入が実施される場合，不胎化されず，マネタリーベースを増加させる手段となる可能性もあろう。

注)
1)　外国為替資金特別会計に関わる先行研究としては，河村小百合，「我が国の外国為替市場介入・外貨準備政策の問題点」，『Japan Research Review』，1996年6月，須田美矢子，「外国為替資金特別会計と外国為替政策」，『学習院大学　経済論集』，第36巻第2号，1999年8月，渡瀬義男，「外国為替資金特別会計の現状と課題」，『レファレンス』，国立国会図書館調査及び立法考査局，2006年12月号，鈴木克洋，「外国為替市場介入をめぐる諸問題」，『経済のプリズム』，参議院調査室，第85号，2010年11月。
2)　「日本銀行における外国為替市場介入事務の概要」，日本銀行金融市場局為替課

3） 須田美矢子，前掲，200ページ
4） BIS, *82^(nd) Annual Report*, June 24 2012, p34 および U.S. Department of the Treasury Office of International Affairs, *Report to Congress on International Economic and Exchange Rate Policies*, December 27, 2011
5） 日本銀行，「外国為替およびデリバティブに関する中央銀行サーベイ（2010年6月末残高調査）について」
6） 朝日新聞，2012年2月8日付
7） 日本経済新聞，2012年2月8日付
8） 日本経済新聞，2012年2月10日付（夕刊）
9） 須田美矢子，前掲，192ページ
10） 鈴木克洋，前掲，13ページ
11） 鈴木克洋，同，15ページ
12） *Treasury and Federal Reserve Foreign Exchange Operations*, October-December 2012, FRB of New York および *Annual Account of the ECB*, February 2013, p 15
13） 湯本雅士，『日本の財政 何が問題か』，岩波書店，2008年，182ページ
14） Department of the Treasury, FRB, *Major Foreign Holders of Treasury Securities*, http://www.ustreas.gov/tic/mfh.txt
15） 1996年3月に，為券残高は28.8兆円あったが，公募分は50億円でしかなかった。また為券の金利は手形金利よりも低かった。須田美矢子，前掲，200ページ
16） 河村小百合，前掲，18ページ
17） 香西，白川，翁編，『バブルと金融政策』，日本経済新聞社，2001年，84ページ
バブル当時，特定の為替レートをターゲットとした金融政策運営が迫られた，としている。当時の政府・自民党・大蔵省から相当の圧力があったと推測される。
18） 白川方明，「通貨，国債，中央銀行―信認の相互依存性―」，金融学会2011年春季大会における講演
19） 注18)に同じ。
20） 2010年度末での日銀保有国債の平均残存期間（ストックベース）は4.9年であった。
21） 『財政金融統計月報』，2012年11月号，69ページ

第8章 アベノミクスと証券市場

2012年11月に、野田前首相が解散発言した時、日経平均は8,660円であった。そこから2013年年末には、アベノミクスを背景に16,291円まで急騰した。ヘッジファンドを中心として、海外投資家が裁定取引を活発化させ、株価は乱高下しやすくなっており、2014年2月には、14,000円台まで下落した。

1 はじめに

本章は、いわゆるアベノミクスによる金融政策が実施され、2013年4月～6月に発生した、債券価格（長期国債利回り）と株式価格の乱高下の背景を中心に検討する。

証券市場の構造的な変化が進行しているなかで、アベノミクスによる量的・質的金融緩和が実施され、その結果として証券価格の乱高下が発生した。ここで言う構造的な変化とは、①株式市場では売買代金の60％が海外投資家、しかもそのうち半分以上がヘッジファンドと言われる。②ヘッジファンドのなかでも、CTA（商品投資アドバイザー）などトレンド・フォロー（相場動向に追従し、相場が上昇すれば買い、下落すれば売り）型のファンドが増加している。③ヘッジファンドを含む、海外投資家により、アルゴリズム取引（プログラム売買とも呼ばれ、コンピューターによるシステム売買）が株式市場のみならず、債券、外国為替市場でも増加している。株式市場では裁定取引を含み、指数取引が増加している。④証券市場のインフラとして、高速売買（HFT, High Frequency Trade）に対応すべく、株式では東証（現在は日本取引所、以下同じ）アローヘッドが稼働している。債券でも先物に関して、同様な市場が整備されている。東証の債券先物市場はTdex＋と呼ばれ、0.005秒で売買されている。株式の高速売買では、1,000分の1秒での売買が増加し、コロケーションエリア（colocation area）

からの発注が増加している。⑤国債の保有構造では，銀行等国内金融機関のシェアが高い。しかし，債券先物では海外投資家による売買シェアが極めて高い。4月以降，債券先物の価格変動と（現物）国債利回りが非常に密接となった。

　こうした証券市場の構造的な変化（海外ヘッジファンドとプログラム売買，先物・オプションなどデリバティブ取引の影響増加等）が，2013年4～5月における証券価格乱高下の本質的背景であったと考えられる。ここに外的要因として，アベノミクスが加わったため，証券価格のボラティリティが急上昇した，と考えられる[1]。

　アベノミクスにより，株価は2013年末には16,000円台（日経平均）に乗せたが，2014年2月末には14,000円台へ調整した。複数の要因が考えられるが，アベノミクスの効果には限界があると見られる。

2　アベノミクスと株式市場

　アベノミクスと金融政策についてまず確認しておく。アベノミクスは3本の矢と言われる。①　量的・質的金融緩和　②　財政支出　③　成長戦略，である。ここでは，黒田総裁による日本金融学会での講演をもとに検討する。まず，黒田総裁は「強く明確なコミットメント」を強調し，「2％の物価安定目標を，2年程度の期間で実現」するとした。このため，「量・質ともに次元の違う金融緩和」を実施するとされた。具体的には，①マネタリーベース：年間60～70兆円の増加（2年間で2倍），②長期国債の保有残高：年間約50兆円の増加（2年間で2倍以上），③長期国債買入れの平均残存期間：7年程度へ（2年間で2倍以上），である。また黒田総裁は，「わかりやすい金融政策」を重視し，資産買入基金を廃止し，長期国債買入れ方式を一本化した。また量的な緩和の指標として，マネタリーベースを選択した。こうした金融政策による，「量的・質的金融緩和」の効果は，①長めの金利や資産価格のプレミアムへの働きかけ，②リスク資産運用や貸出を増やすポートフォリオ・リバランス効果，③市場・経済主体の期待の抜本的転換，とされた[2]。

黒田総裁はポートフォリオ・リバランス効果を挙げているが，他方で白川前総裁時代からの補完当座預金制度（超過準備への付利）には，変更を加えていない。これは，日銀当座預金が積み上がり，民間銀行貸出が伸びない要因との指摘もある。しかし，他方で①日銀は資金供給の一方で，準備預金付利で資金吸収している　②日銀は付利により0.1％でファイナンスし，長期国債で運用し，ツイストオペである　③量的緩和のために付利で当座預金を積んでいる等の評価がある。

 すでに安倍首相の就任と金融緩和を先読みして，2012年後半から株価は上昇していた。株価上昇の開始は，2012年11月14日に，野田前首相の解散表明がなされた時点であり，日経平均株価は8,660円であった。11月30日には，9,446円へ上昇した。12月28日には10,395円となった。同時に急速な円安が進行し，2012年11月14日には，円は対ドルで79円台であったが，12月31日には86円まで円安が進んだ。2013年1月以降，日経平均は**図表8-1**が示すように

図表8-1　日経平均株価と円ドルレート

(出所) 日本経済新聞等から作成。

上昇が続く。日経平均は2013年1月4日10,688円であったが,3月29日には12,398円へ上昇し,5月23日には15,942円と,野田解散発言から約半年で84%の上昇となった。さらに11月に入り,米FRBがQE縮小に踏み込み,米株価が上昇したため,日経平均は15,000円台へと上昇した。また株価上昇と同時に円安が進行し,高い相関が見て取れる。海外のヘッジファンドは「日本株ロング・円ショート」であった。リーマンショック後の2008年,日本に投資するヘッジファンドは185億ドルであったが,2013年3月には225億ドルまで増加し,367社のファンドが日本へ投資していたと言われる[3]。

　この時期の日経平均株価の上昇が,企業業績の改善に裏打ちされていたか,議論の余地はある。例えば,電機業界では家電メーカー中心に業績は厳しかったからである。2013年3月期決算で,電機大手8社のうち,5社が前期比で減収,3社が最終損益で赤字であった。電機業界では海外生産が進み,円安のメリットが小さくなっていると言われた。とりわけパナソニックは7,542億円の赤字,シャープは5,453億円の赤字であった。ソニーは430億円の黒字であったが,資産売却や金融部門等に起因し,電機事業は赤字であった[4]。

　しかし,円安が急速に進行し,自動車など輸出産業の収益が改善したことも事実であろう。トヨタ自動車の2013年4〜6月期決算では,連結営業利益が6,633億円と,前年同期に比べ,90%程度増加した。円安が進行し,自動車など輸出産業の業績改善を先取りする形で,株価が上昇した面もあった。株価収益率(PER)も15〜16倍程度で推移し,過熱とは言い難い。しかし,新興国の株価が調整し,米QE縮小が懸念された面もあり,ユーロ不安も払拭されず,相対的な比較により,日本株がヘッジファンドにより選好された側面が最も強いと思われる。

　2013年3〜5月に売買が多かった銘柄に,値がさ株で日経平均株価(225)に採用される銘柄が目立つ。ファーストリテイリング,ファナック,ソフトバンク等である。典型はファーストリテイリングで,3月の売買代金順位では9位で6,547億円,4月も13位で7,976億円,5月も8,139億円であった。ファーストリテイリングは2013年3月には株価は約25,000円であったが,5月には約

40,000円まで高騰していた。ファーストリテイリングは日経平均株価の採用銘柄であるが，50円額面とみなされており，25,000～40,000円という株価がそのまま日経平均株価で計算される。このため，日経平均への影響は大きく，5月30日には日経平均は737円下落したが，このうちファーストリテイリング1社で166円日経平均を下げた，と言われる。同社の株価が4,150円低下し，除数24.975で割ると，166円になるからである。後述するように，ヘッジファンド等が先物との裁定取引で，現物の日経平均を「操作」するうえで，ファーストリテイリングはターゲットになった可能性が高い[5]。日経平均株価は225銘柄を売買すればよいが，TOPIXは東証1部全銘柄を売買することになり，裁定取引のためには現物の株価指数として日経平均株価が選好されやすい。

図表8-2は取引所取引（東証，大証）の日本株取引における海外投資家のシェアを示している。現物株取引（売買代金）における海外投資家のシェアであるが，1980年代には10％前後であったが，その後継続的に上昇してきた。特に2003年から2008年にかけて急上昇し，2008年には売り付けで64％，買い付けで62.6％となった。2003～2008年は，世界的にヘッジファンドが急成長した時期であり，このため日本でも海外投資家のシェアが上昇したと推定される[6]。

その後，海外投資家のシェアは一時低下したが，2011年から2012年にかけ65％前後へ上昇した。また2013年に入り，月次では55～59％となっていたが，6月には63～64％へ上昇した。海外投資家のシェアが60％程度であることは，海外投資家の動向で，日本株の株価動向が規定されることを意味する。2013年に海外投資家の買い越し額は15兆円を超え，過去最高となった。

しかし，海外投資家，特にヘッジファンドが常勝かというと，そうではない。今年の5月の相場下落で，世界の多くのクオンツ・ファンドが損失を計上した。特に，CTA（商品投資顧問）と言われる，相場のトレンドに追従するタイプのファンドが，アメリカの量的緩和縮小の懸念による債券価格下落で損失を被った，と言われる。イギリスの大手ヘッジファンドである，マングループの旗艦ファンドであるAHLは資産総額164億ドルであったが，2013年5月に資産の11％にあたる損失を計上した[7]。マングループはヘッジファンドながら，ロン

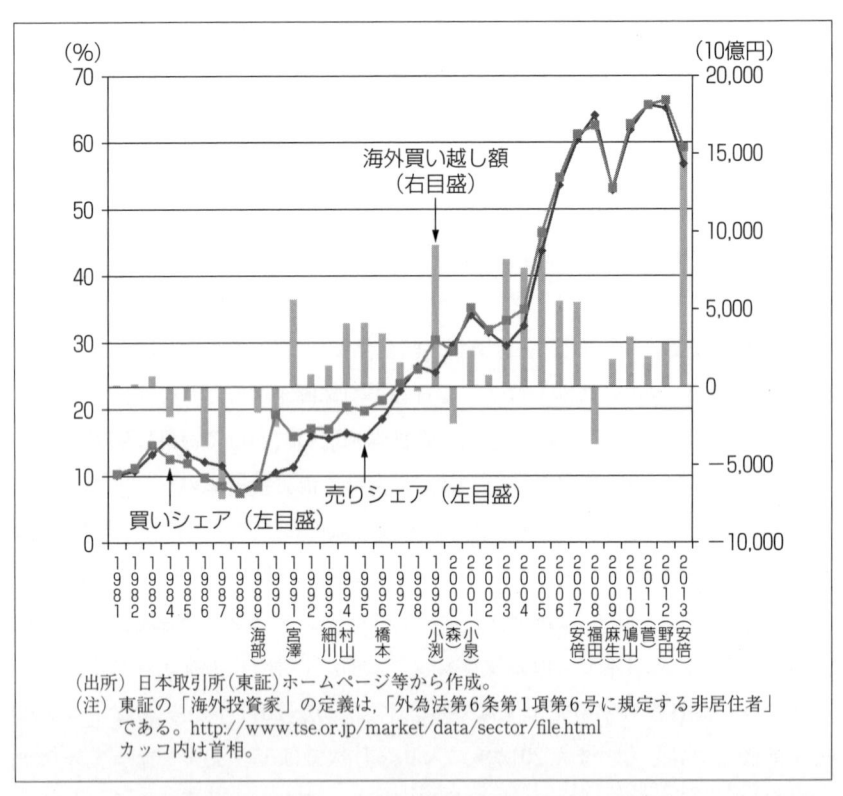

図表8-2　海外投資家の買い越し額と売買シェア

(出所) 日本取引所(東証)ホームページ等から作成。
(注) 東証の「海外投資家」の定義は、「外為法第6条第1項第6号に規定する非居住者」である。http://www.tse.or.jp/market/data/sector/file.html
カッコ内は首相。

ドンで上場しており，マングループの損失でロンドンの株価が低下したと言われる。

　日本株の海外投資家に係るデータとして，東証が公表してきたもうひとつのデータが，地域別の海外投資家売買動向である。**図表8-3**は地域別海外投資家売買差額と欧州系のシェアを示している。2008年には米系，欧州系とも大きく売り越した。リーマンショックにより，海外投資家による日本株保有は縮小したと見られる。2010〜2011年，北米系の投資家により買越額が拡大した。ただし，売買代金における欧州系のシェアは2011年には68％まで上昇した。2012年には，欧州系の投資家による買い越しが増加した。さらに2013年に入り，

第8章　アベノミクスと証券市場

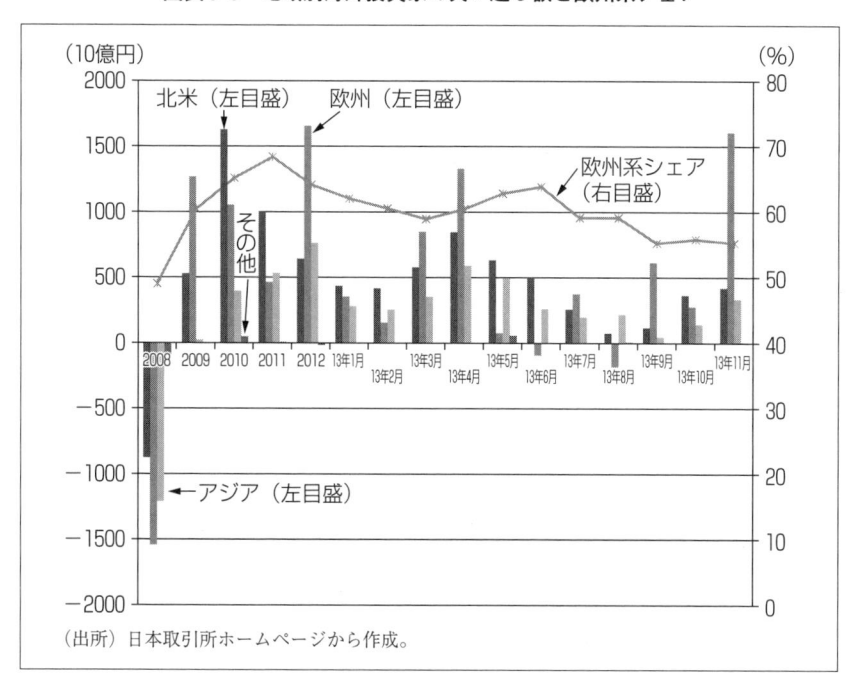

図表8-3　地域別海外投資家の買い越し額と欧州系シェア

(出所) 日本取引所ホームページから作成。

　3月，4月中心に欧州系が買い越している。しかし5月には欧州系の買越額が大きく減少した。6月には欧州系が売り越す一方，北米系は買い越した。こうした欧州系の動向を見ると，欧州系はヘッジファンドのような回転が速く，「逃げ足が速い」資金が中心と見られる。他方，米系はSWFや年金，投資信託のような機関投資家の比重が高く，長期的な資金が中心と見られる。一般にヘッジファンドは米系中心と言われるが，東証のデータでは欧州系がヘッジファンドの動向に近いと見られる。資金の源泉は米国であっても，ロンドンが発注拠点であるケース，また欧州地域のタックス・ヘイブンが実際の運用拠点であるケース等が考えられる。

　2012年から2013年8月にかけ，欧州系の売買代金でのシェアはおおむね60%台で推移し，中心的存在であった。総体的な評価として，①アベノミクスが注目された2013年上半期の株式市場は欧州系の資金が中心，②5月の株価低

下も欧州系の売りが中心，③欧州系の投資家は極めて短期的な行動をしており，ヘッジファンドが中心と見られる。

次に海外投資家を個人投資家との比較で，別の側面から検討しよう。2013年に入り，海外投資家が買い主体であった。2013年に，個人投資家は7月までは売り越しで，買い越したことはない。8月に買い越しに転じたが，9月以降，再び売り越している。個人は新規上場株の取得が多いが，初値で売却すると，統計上は売り越しとなる。

個人投資家に関わって，「株高で高額消費が伸びる」といった論調がしばしば見受けられる。例えば，「5月中旬までの株価上昇が消費者の財布のヒモを緩くしたと言えそうだ」，といった報道である[8]。しかし，株価上昇で個人消費（高額品が中心）の増加があったとすれば，長年「塩漬け」であった保有株式を処分し，その資金で高額消費に支出した可能性が考えられる。こうしたことから，まだ本格的な資産効果が発生しているとは言い難い。

海外投資家は全体としては，2013年4月から11月にかけて，一貫して買い越しており，売り越しは6月の欧州系だけである。こうしたことから，欧州系のヘッジファンド（CTA等）は5月から6月に売り越したが，欧州系の機関投資家も含み，北米の投資家も2013年5～6月に買い増したと推定される。例えば欧州系でも，ノルウェー政府年金基金（中央銀行IM）は2012年9月から2013年6月25日までで，日本株を1兆1,291億円増やし，2兆4,114億円の保有残高と言われている[9]。6月以降，欧州系を含み，政府系SWF等の長期投資家が買い越しと推定される。8月に欧州系は約1,200億円程度の売り越しに転じたが，9月に2020年の東京オリンピックが決定したこともあり，9月以降，欧州系も含み海外投資家は買い越しになった。

2013年を通じ，海外投資家の買い越し額は15兆円を超えて，90年代以降では最高水準と言われている。90年代以降，海外投資家の買い越しは，大きな波が3回あった。1回目は1999年であり，小渕政権が強力に内需拡大を進めた年である。2回目は2003～2005年であり，小泉政権が構造改革（郵貯民営化等）を進めた時期である。3回目が2013年であり，安倍政権がアベノミクスを推進

した年である。海外投資家の売買動向と株価は，政権のスタンスによって規定されていると言える。

3　海外投資家とデリバティブ

　以上のように，2013年に海外投資家の現物株売買におけるシェアは，60%前後まで上昇した。同時に，海外投資家は先物やオプションなどデリバティブ売買を増加させてきた。2012年から2013年にかけ，海外投資家は現物のみならず，先物等の売買を急拡大させており，先物の影響から現物株の株価も動きやすくなっている。

　図表8-4は海外投資家による先物と現物の株式売買代金と比率を示している。海外投資家の日経平均225先物（大証）と現物株式（東証）の売買代金である。比率は現物売買代金に対する先物売買代金の比率を示している。海外投資家の先物売買代金は，3, 6, 9, 12の先物決済月に増加する傾向にある。先物取引では決済月が決められて，取引されている。現物株に対する先物の比率を見ると，2013年3月に94.4%，同年6月に94.4%，同年9月に114.6%，さらに同年12月にも114.6%と上昇した。

　海外投資家による現物株の売買増加に対応して，海外投資家による先物売買も増加し，現物と先物の売買はほぼ同規模になっている。また現物では銘柄が分散されるが，先物では実質的に特定銘柄（日経平均225先物，期近物）に取引が集中する。特定銘柄への取引集中は，ヘッジファンドなど海外投資家が同じ投資行動をとった場合，値動きが激しくなるリスクを内包している。海外投資家が先物を売買するのは，リスクヘッジのための買い（もしくは売り），裁定取引等の増加，アルゴリズム（プログラム）売買の増加等である。海外投資家による先物取引拡大に伴い，現物株の株価への先物の影響も拡大している。

　2013年1月から海外投資家による先物売りが増加している。これは裁定取引の増加が一因と見られる。裁定取引では，まず理論価格で割高となった先物を売り，現物（日経平均採用銘柄225）を買う。したがって，当初は先物が売られ，

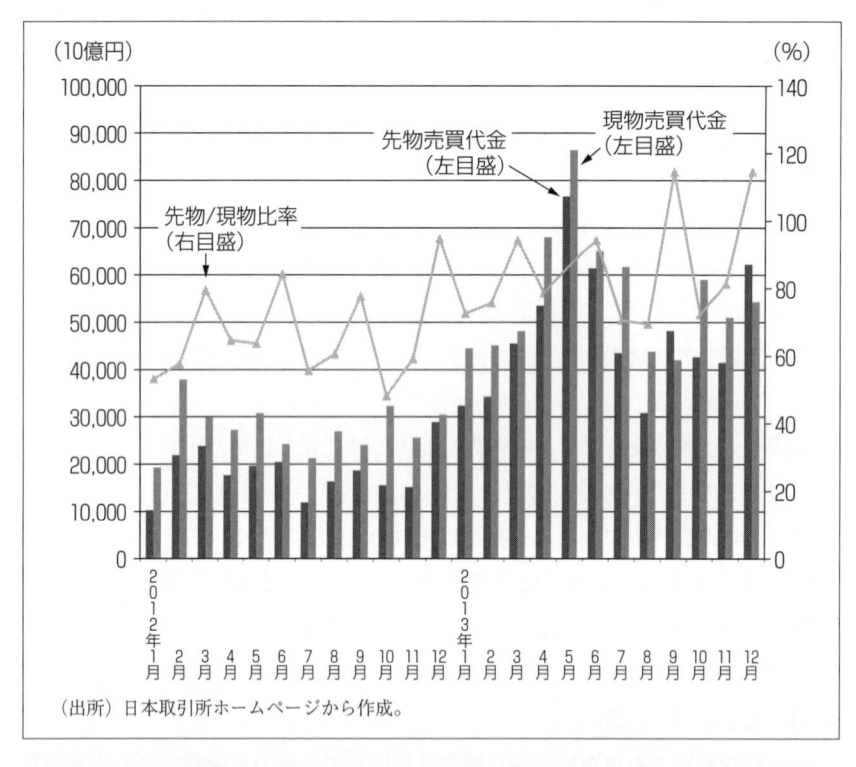

図表8-4 海外投資家による先物と現物の売買比率

(出所) 日本取引所ホームページから作成。

　現物が買われ，現物の日経平均は上昇する。しかし裁定取引では，ポジション解消時に，先物買い，現物売りで手じまう。このため，現物が売られ，「日経平均大幅安」（指数として下落しているが，実態はさほどではない）となる。日経平均先物での海外投資家のシェアは極めて高く，2013年に入り80％前後で推移しており，裁定取引は海外投資家が中心になって行われている。

　図表8-5は，東証によって公表されている，裁定取引に係る現物ポジション（証券会社の自己申告により，裁定取引に関わって，現物株を買っている残高）を示している。裁定取引では，先物が理論価格より割高の時，「先物売り・現物買い」で取引が開始され，後日，先物が理論価格に一致する時，「先物買い・現物売り」で手仕舞い（取引終了）となる。このため，現物の日経平均は下落する。

第8章　アベノミクスと証券市場

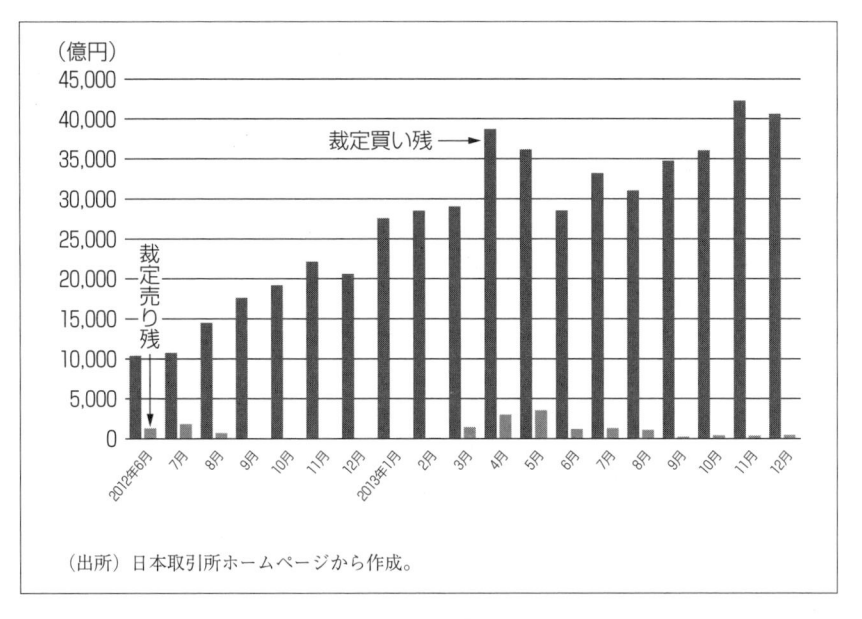

図表8-5　裁定取引と現物ポジション

(出所) 日本取引所ホームページから作成。

　図表8-5において，5月23日の株価低下に先立ち，4月末に裁定取引のため，現物の買いポジションが4兆円近くまで積み上がったことがわかる。先物が高くなり（売り），そのため現物が買われるという先物主導の株価上昇がまず発生した。しかし，5月23日以降，逆流が始まった。6月末までに，裁定の解消等から，1兆円程度の現物売りが発生した。また5月23日後，現物の株価低下から，先物にヘッジ売りが殺到し，先物が理論価格に近づくため，裁定の解消（先物買い，現物売り）で現物売りが加速した。先物主導での株価低下である。
　日経平均先物については，証券会社別建玉（日経平均先物の取引残高が，どの証券会社経由で出されたか）が公表されている。5月17日現在，買い残では，ABNアムロが40,120枚，ニューエッジ証券が34,652枚と突出していた。この2社はヘッジファンド系の売買を仲介していると言われているが，裁定取引等の買い残が増加していたと見られる。2013年11月現在，裁定取引による現物買い残は4兆2,296億円と過去最高水準に達しており，いつ裁定解消から売り先

135

行となってもおかしくない状態である。

　株式市場が先物主導になった背景については，流動性が現物よりも先物で高いことが指摘されている。具体的には，①値幅制限ルールの違い，②空売り規制，③レバレッジ比率などで，先物が売買しやすいため，である[10]。先物では，海外投資家とならび，証券会社のシェアも高い。これは，海外投資家にオプションを販売するのは，証券会社だからである。海外投資家は株価先高感のある時，コール・オプション（買う権利）を証券会社から購入する。一段と株価が上昇して，買う機会を逸するリスクを避けるため，である。他方，証券会社は，リスクヘッジのため，先物で買いを入れる。海外投資家は市場実勢よりも安い価格で，コール・オプションを行使するので，証券会社は安い価格で売る義務が発生し，損失を被る。この損失は先物で買いを入れ，価格上昇時に売ることでヘッジされる。先物とオプションは相互に影響しつつ取引が拡大する。

　海外投資家による，日経平均プット・オプション（売る権利）の売買代金，同コール・オプション（買う権利）の売買代金，プットとコールの委託売買代金における海外投資家のシェア（平均）を見てみる。オプション市場における海外投資家のシェアは極めて高く，2013年に入り，93～95％で推移している。2013年1月以降，コール・オプションの売買が急増している。株価先高感から将来的に実勢より安値で購入できる権利を確保する動きである。他方，2013年2月以降は，プット・オプションの売買も増加した。株価低下時に備え，実勢よりも高値で売却できる権利を確保する動きである。5月23日の株価下落等は，先物・オプションなどデリバティブ取引がヘッジファンドなど海外投資家によって肥大化するなかで発生した。

　東証では2010年1月4日からアローヘッドが稼働（1秒で1000回の売買に対応するシステム，一般に高速売買＝HFT）した。海外で高速売買が主流となり，東証も国際競争に勝ち抜くために導入した。このアローヘッドにおいて，コロケーション（colocation）が設置された。コロケーションとは，発注速度を高めるため，取引所のホストコンピューターが所在する場所内に証券会社が発注サーバーを設置すること，である。換言すれば，場所（location）を共有（co

することである。

　HFTの株式市場への影響としては，メリットとして，①流動性の供給　注文件数の小口化が進み，注文件数が増加する　②ボラティリティ抑制　HFTは相場トレンドに逆行する（逆張り）取引が中心である　③取引コスト抑制　マーケットインパクトなどを抑制，といった諸点が指摘されている。他方，デメリットとしては，①プログラムエラーによる市場攪乱リスク　②類似するプログラムによる，一方向への価格形成リスク　③多額のシステム負担，が指摘されている[11]。

　HFTではGPS（自動車ナビで普及）が活用されている。これは衛星によるGPSは，情報の伝達が極めて速いからである[12]。こうしたHFTは同時に，証券市場に大きな影響を与えつつある。高速売買が開始されて以降，証券会社のシェア分布に変化が生じた，という指摘がある。シェア上昇は10社中，3社のみとしている[13]。

　東証によると，アローヘッド稼働後の1年間で，注文件数，売買代金において，コロケーションエリアからの比率が約35％まで上昇している。アルゴリズム取引による自動売買を主とする投資家の参入が進んでいる[14]。2013年現在，コロケーションの比率は60％程度まで上昇している。

4　国債と海外投資家

　一般政府債務残高の対GDP比率は，粗残高（2013年）で，日本は228％，ユーロ圏平均は106％，米国は109％である。純残高（2013年）で，日本は145％，ユーロ圏平均は69％，米国は89％である。日本の政府債務残高は極めて大きい。

　国債（割引国庫証券を含む）の保有構造を見てみよう[15]。2004年3月には，郵貯13.7％，民間銀行等が24％，日本銀行が14.8％，海外が3.6％であった。しかし2012年3月には，民間銀行（ゆうちょ含む）が37.5％，日本銀行が12％，海外が8.7％となった。最近の特徴としては，第一に民間銀行のシェア低下である。銀行等は2011年3月に41.5％とピークをつけ，2012年12月には37.5％と，4ポ

イント低下した。すでにアベノミクスに先行して，銀行は国債保有を減らしている。特にメガバンク中心に削減されている。第二に，日本銀行の2009年までの保有シェア低下と2009年以降の上昇である。2006年に量的緩和政策が解除され，日銀当座預金の残高が減少し，日銀の買いオペ額も減少した。しかし2009年以降になると，政策金利の誘導目標も0.1％となり，買切りオペも増額された。第三に，海外投資家のシェア上昇である。従来から，海外投資家は政府短期証券（外国為替資金証券が中心）の保有が中心であった。政府短期証券（割引国庫証券）は普通国債に含まれなかったが，2013年の財務省『債務管理レポート』では含まれたデータで公表されている。海外投資家のシェアは2004年3月には3.6％であったが，2012年12月には8.7％まで上昇した。2010年からのユーロ危機でユーロ圏の国債売り，日本国債買いが進んだ。

図表8-6で長期金利の動向を見ておくと，黒田日銀スタート直後の2013年4

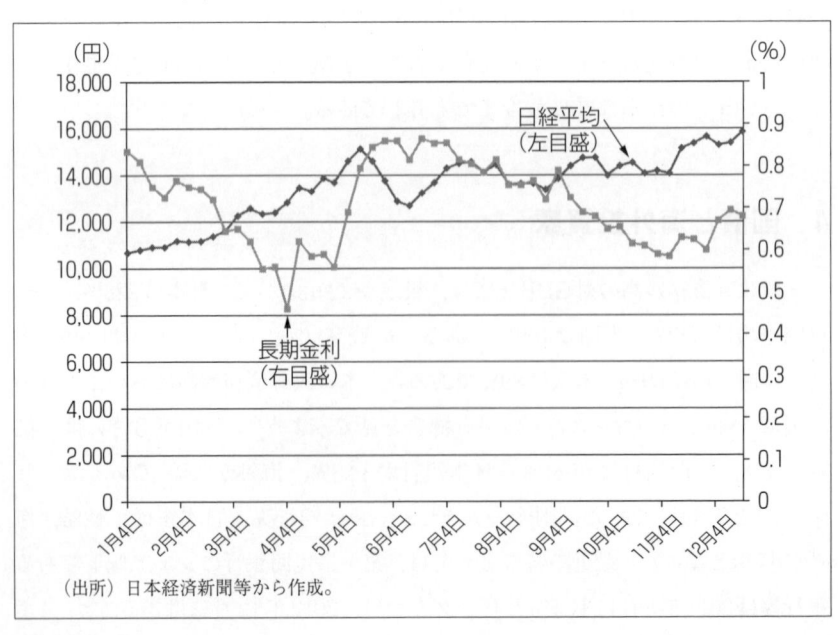

図表8-6　2013年の日経平均株価と長期国債利回り

(出所) 日本経済新聞等から作成。

月5日，0.46％という最低水準を記録した。しかし1週間後の4月12日，0.62％まで反転した。5月2日に0.56％まで戻すが，5月24日には再び0.845％へ上昇した。株価の下落は5月23日以降に開始されたが，長期金利については，4月の黒田総裁就任直後から上昇している。長期金利は7月半ばまで0.8％台で推移し，8月に0.7％台で小康状態となったが，9月に入り0.8％寸前まで上昇した。

長期金利の上昇が，株価下落に先行して4月から始まったことには，複数の要因を指摘できる。一因は銀行による国債保有額圧縮であろう。**図表8-7**は国債投資家別売買差額を示している。4月に都市銀行は5兆742億円の売り越し，うち長期国債が1兆5,005億円，中期国債が1兆517億円の売り越しであった。都市銀行は近年，長めの国債を中心として，国債保有額を圧縮させる傾向にある。新年度入りで，年間目標に沿って売却した可能性も考えられる。三井住友の場合，2013年4〜6月連結決算において，国債保有額は20.7兆円（3月末）から11.5兆円（6月末）と9兆円以上減少させ，半減となった[16]。三菱UFJとみずほ2割削減したと言われる。このため3大メガ合計で100兆円（3月末）から76兆円（6月末）に減少した。また平均残存年数も，三井住友で1年強，みずほで2年強，三菱で3年弱と短期化が進んだ，と言われる[17]。したがって，4月の

図表8-7　主要な国債投資家別売買差額

(億円)

	2013年1月	2013年2月	2013年3月	2013年4月	2013年5月	2013年6月	2013年7月	2013年8月	2013年9月	2013年10月	2013年11月	2013年12月
都市銀行	−45,315	−27,439	9,571	−50,742	−8,009	−22,314	−37,362	−38,584	−5,732	−49,007	−7,263	−12,614
信託銀行	73,596	79,582	64,131	60,186	40,458	56,598	66,121	58,033	56,868	56,691	31,332	34,943
生損保	6,948	9,423	14,826	6,798	12,343	12,322	11,381	12,332	11,614	9,337	10,966	12,705
投資信託	28,727	21,080	26,369	28,077	37,582	19,180	22,913	25,163	27,408	32,148	23,985	23,019
外国人	157,948	114,478	136,884	134,640	128,541	118,389	112,313	124,017	139,636	143,507	126,344	124,870
（除く短期国債）	3,503	2,601	−1,189	7,240	−5,016	1,594	6,448	1,744	−1,253	9,940	−1,804	−90
その他	−250,747	−191,315	−249,105	−233,549	−259,364	−253,269	−167,658	−235,672	−236,604	−256,676	−182,919	−191,074
債券ディーラー		−15,141	−2,403	−7,889	−7,182	−9,477	−15,271	−5,426	8,145	−2,575	−7,487	−6,893	−2,469

(出所) 証券業協会ホームページから作成。
(注) 「外国人」という呼称は現資料による。「外国人」の定義は「すべての非居住者」である。
　　　また「その他」には日銀が含まれ，入札発行分が含まれている。

長期金利高騰は，都市銀行の売りに起因する可能性が高い。

2013年5月，都市銀行は8,009億円の売り越し（中期債が中心）であったが，海外投資家は5,016億円（国庫割引証券除く）の売り越し（長期債が中心）であった。5月の長期金利上昇については，都銀の売り越しに加え，海外投資家が先物との関係で，現物を売り越し，それが利回り上昇の要因と見られる。またアベノミクスで日銀の買いオペ額が予想を超え，市場参加者が相場の方向性を見失い，売買が縮小し，流動性が枯渇した，と言われる。そして，それが長期金利高騰の要因とも言われる。

こうした状況で，日銀はオペの買付額を小さくして，対応した。日銀は2013年5月末に，オペ方式を見直し，弾力的な運用，1～5年債のオペを拡充した[18]。日銀と黒田総裁による買切りオペの金額が大きすぎたため，市場参加者が相場の方向感を喪失し，買いが細ったと言われており，日銀はオペ金額の分割によって対応した。

図表8-8は長期国債先物売買代金と海外投資家のシェアを示す。現物国債の売買代金合計は月間250兆円前後である。ただし長期国債現物に限定すれば，月間40兆円前後である。これに対し，長期国債先物は月間80～100兆円という売買代金規模であり，現物の倍以上の取引規模である。長期国債先物で海外投資家は40～50％のシェアを占め，証券会社も準ずるシェアとなっている。証券会社のシェアが高い背景には，証券会社が海外投資家向けに債券オプションを販売するため，そのリスクヘッジで先物を売買することがあろう。海外投資家が先物主導で債券を売買するため，先物によって現物国債価格と利回りが変動しやすくなっている。

長期国債先物の終値と日中変動額（最高値と最低値の差），そして現物利回りを見ると，全体として，極めて変動が激しくなっている。2013年4月5日，長期国債先物価格は終値で前日比約2円下落（1円でサーキット・ブレーカー発動）した。取引時間中の価格変動額は，3円34銭に達した。1円の変動で，サーキット・ブレーカー発動で取引が停止されるので，3円以上の値動きは極めて大きい。3円以上という先物の価格変動に引っ張られて，現物利回りも前日比約0.1％の

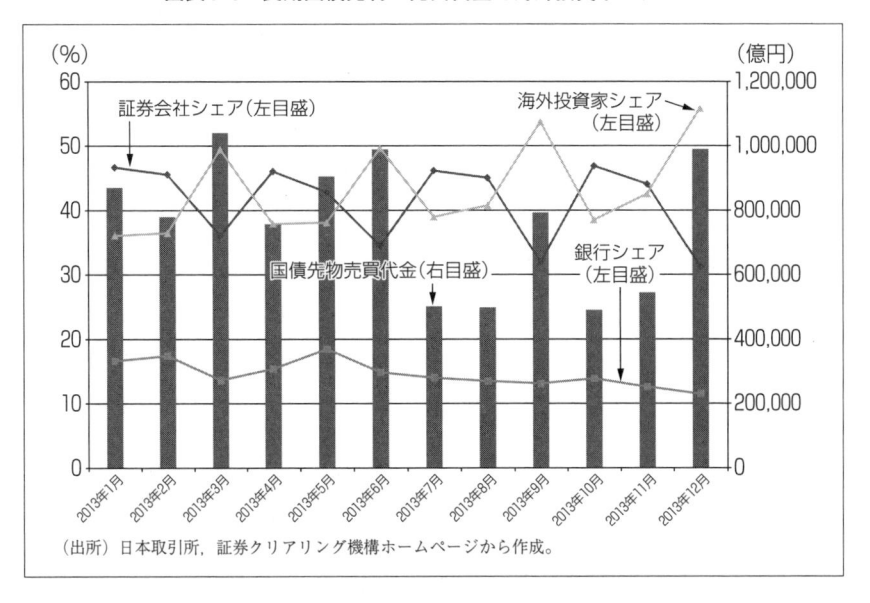

図表8-8　長期国債先物の売買代金と海外投資家のシェア

(出所) 日本取引所，証券クリアリング機構ホームページから作成。

上昇となった。同時に急速な円安が進み，株価は上昇した。債券安（金利上昇），円安，株高が進んだ。

　債券市場でも海外投資家の中心はヘッジファンドと見られる。ヘッジファンドは株式ロング，円先物ショート，債券先物ショート（5月以降）という戦略の可能性があった。ヘッジファンドは現物のポジションを持たず，先物だけの売買をしていた可能性がある。先物では流動性が高いうえ，コストが安いから，である。先物に影響されて，現物の価格が変動していると見られる。

5　まとめに代えて

　日本の株式市場において海外投資家のシェアは60％程度に上昇し，アベノミクスが開始された時期にも同様であった。この海外投資家の半分程度はヘッジファンドと言われている。海外投資家は現物株の売買と同規模で先物を売買

している。海外投資家は2012年に日経平均先物を大幅に買い越し，このため先物が割高となった。その後，先物売り・現物買いという裁定取引が増加した。また海外投資家がリスクヘッジとしてオプションを売買し，売り手となる証券会社もヘッジのため先物を利用するので，先物と同様にオプションの売買も膨らんだ。

　現物国債の保有において海外投資家のシェアは，8.7％まで上昇している。さらに長期国債先物の売買において，海外投資家は40％前後のシェアを有する。2013年4月に，海外投資家が主導して，長期国債先物が乱高下し，その影響から現物国債の利回りが上昇することとなった。海外投資家の多くは，ヘッジファンドと見られ，株式先物・為替先物・債券先物を三位一体的に売買していると見られる。

　証券市場ではヘッジファンドとデリバティブ中心の構造変化が進んでおり，ここにアベノミクスが外的要因として加わり，株価や長期金利の乱高下が発生したと考えられる。しかし，株価は2014年に入り，14,000円台（日経平均）へ下落し，アベノミクスの効果には限界があると見られる。

注）
1）　先行研究として，小幡績，『リフレはヤバい』，2013年，ディスカヴァー携書
　　高橋伸彰・水野和夫，『アベノミクスは何をもたらすか』，2013年，岩波書店
2）　黒田東彦，日本金融学会2013年度春季大会（於いて一橋大学）における特別講演
3）　『日経ヴェリタス』 2013年7月14日号
4）　朝日新聞，2013年5月10日，15日付　日本経済新聞，同5月15日付
5）　『日経ヴェリタス』，2013年6月2日号，65ページ
6）　代田編著，『金融危機と証券市場の再生』，同文舘出版，2010年，pp1〜42
7）　*Financial Times*, June 6, 2013
8）　日本経済新聞，2013年6月28日付
9）　『日経ヴェリタス』，第277号，2013年6月30日
10）「我が国株式市場における先物価格と現物価格の関係：いわゆる「先物主導」の検証」，『日銀レビュー』，2013年6月，宇野洋輔
11）「株式市場における高速・高頻度取引の影響」，『日銀レビュー』，2013年1月

12) 「超高速証券取引を可能にする衛星測位連携システム―進化するレイテンシー監視システム―」,『ITソリューション　フロンティア』,野村総合研究所,2012年1月号
13) 「証券会社のシェア分布変化の要因と今後に向けた視点」,野村総合研究所,『金融ITフォーカス』,2013年8月号
14) 「arrowhead稼働1年の状況について」,東京証券取引所,2011年2月25日
　　高速売買は,外国為替市場や債券市場でも急速に進んでいる。
15) 財務省,『債務管理レポート　2013年』による。
16) 日本経済新聞,2013年7月30日付
17) 『日経ヴェリタス』,2013年8月4日付
18) 日本経済新聞,2013年6月1日付

第9章 アベノミクスの財政政策と政治リスク

アベノミクスの財政政策は，伝統的に自民党によってとられてきた，従来型の財政拡張主義である。公共事業や防衛などが増額されてきた。他方，消費税増税が財政赤字の縮小につながるか，疑わしい。

1 はじめに

　本章では，アベノミクスによる財政政策の特質を検討する。内向きで国内の支持基盤に配慮した財政拡張主義が，政治的には対外的にリスクを伴うことを指摘する。安倍政権が発足して以降，2012年度の補正予算，2013年度の当初予算，2013年度の補正予算，2014年度の当初予算が成立してきた。まず，財政支出の規模が拡大していることに特徴がある。次に公共事業，防衛，農林水産などの経費が増加した一方，地方交付金等が削減されている。公共事業や農林水産など伝統的な自民党の支持基盤には予算が増額されている。歳入面では，消費税税率引き上げと法人税減税がすすめられている。国債発行については，新規発行額（2014年度当初）は41兆2,500億円と前年度比で減額されたものの，借換債を含むと181.5兆円と過去最高に達している。

　アベノミクスは金融政策としては，新古典派的なマネタリズムであるが，財政政策としては伝統的な財政拡張主義であろう。本来のケインズ主義は，不況期には公債発行と財政支出で内需不足を補い，好況期には税収増で公債を償還する。アベノミクスは本来のケインズ主義とは異なり，従来型の日本的財政拡張主義である。

2　消費税増税で財政赤字は拡大

　まず歴史的に消費税増税によって財政赤字は拡大してきたことを指摘する。**図表9-1**は消費税税率と，財政赤字（国・地方の財政収支）対GDP比率を見たものである。消費税は1989年度より3％で導入された（決定は竹下内閣）が，1980年代には財政赤字が縮小していた。1980年度には財政赤字は−7％近かったが，1989年度には−1％未満であった。こうした時期に消費税は導入されたが，バブルが崩壊したこともあり，1990年度以降財政支出は拡大を続けた。このため，消費税導入以降，財政赤字は急増した。財政赤字は1991年度には−1％未満であったが，1995年度には−7％近くまで悪化した。当初ベースで一般会計が増加しただけではなく，補正予算で「景気テコ入れ」といった手法が多用された。

　1997年度から消費税税率は5％に引き上げられ，1％分は地方消費税とする

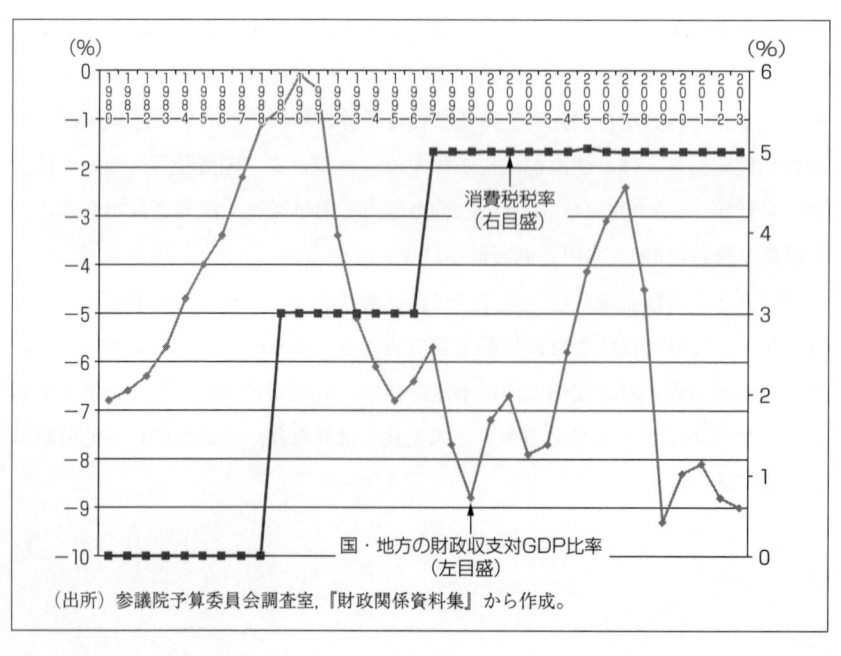

図表9-1　財政赤字と消費税

（出所）参議院予算委員会調査室，『財政関係資料集』から作成。

こと，また国税分は社会保障に充当することとなった。しかし，この時にも，消費税増税以降，財政赤字は拡大し，1997年度の財政赤字対GDP比率－5.7％は1999年度には－8.8％まで悪化した。1998年度（橋本内閣）には10.3兆円，1999年度（小渕内閣）でも7兆円といった補正予算が組まれ，財政支出拡大が財政赤字を増加させた。また消費税導入後，消費が減少し，景気が悪化し，税収が減少した。こうして，過去の消費税導入と増税を見る限り，財政収支の改善にはつながっていない。

　2014年4月から，消費税を8％とすることが安倍内閣によって決定された。しかし，消費税8％が財政収支の改善をもたらすか，疑わしい。過去からアベノミクスに至るまで，日本の財政支出は抑制されたことが少ない。**図表9-2**が示すように，日本の財政支出が縮小傾向を示した時期は，2002～2003年度の小泉政権等に限られている。第7章で検討した，外為特会からの一般会計繰入は，

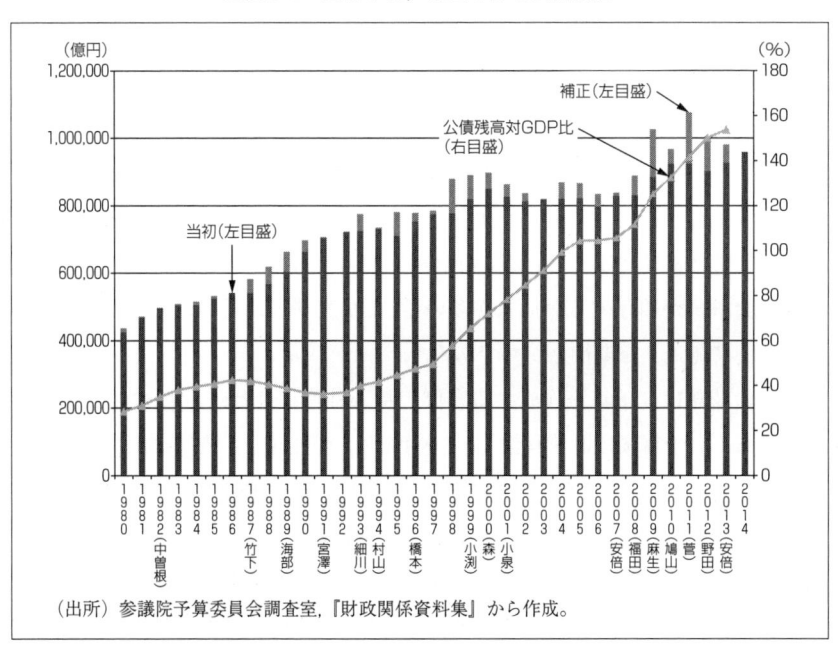

図表9-2　当初予算，補正予算と公債残高

(出所) 参議院予算委員会調査室，『財政関係資料集』から作成。

147

小泉政権の2002年度から開始された[1]。しかし，安倍政権は財政拡張主義であり，財政赤字と公債残高は増加する可能性が高い。

3　アベノミクスと財政拡張主義

まず**図表9-2**によって，過去30年以上にわたり，日本の財政支出は拡大し，公債残高の対GDP比率は上昇してきたことを指摘したい。消費税増税によって財政収支が改善してこなかったことに示されるように，財政収支の悪化は税収面に起因するよりも，歳出膨張に主因がある。

なぜ歳出膨張に歯止めがかからないか？第一に，日本の政治体質や選挙制度と深く関連していると見られる。日本の国会議員選挙では，衆参両院の選挙で，選挙区選挙と比例代表選挙が併用されている。このため，国会議員の選出過程で地域利害が反映されやすい。さらに現行の選挙制度は，「1票の格差」問題に示されるように，東京など大都市圏の利害よりも，地方の利害が反映されやすくなっている。そして地方の選挙区では，高齢者の比率が高い傾向にある。このため，地方も含め，選挙で勝つためには，地方高齢者の投票行動が鍵となり，必然的に年金や高齢者医療には手をつけにくくなる。2014年度の一般会計（当初）でも社会保障関係は4.8％増加で30.5兆円となった。また公共事業予算が地域利害と密接であることは自明である。さらに近年では，社会保障予算も地域利害と密接になっている。介護や医療は，許認可や予算措置で，地元選出の国会議員が関与するケースが多い[2]。また選挙区の選挙民も，地元選出の国会議員に見返りを期待しがちである。

第二の問題は，予算を作成する官僚，特に財務官僚と政治家（国会議員）の関係である。予算案は財務官僚（財務省主計局）が作成し，内閣が国会に提出し，国会で承認される。しかし，財務官僚の人事権は最終的に財務相にあるし，有力な政治家であれば次の財務相となる可能性もある。こういう関係をみれば，政治家の要求や依頼を，財務官僚が拒否することは困難である。財務官僚にとって，最終ポスト（次官か，局長か，課長か）はその後の再就職にとって決定

的問題であり，生涯年収を左右する。安倍政権となって，官僚の天下りが復活していることは，偶然ではないだろう。結局，有力政治家の依頼を財務官僚は拒否できず，公共事業に限らず，社会保障分野でも介護施設や病院等で予算がついていく。

　第三に，財政を膨張させても，国債発行の受け皿が存在してきたため，国債発行に歯止めがかからないことである。まずは，ゆうちょ銀行，かんぽ生命，公的年金といった公的金融機関が莫大な国債を保有している。ゆうちょとかんぽについては，自主運用となっても，株式や貸出に規制がかかり，本体では国債以外に有力な運用先がない。次に民間銀行も，現状は金利リスク等から国債保有を抑制しているが，バーゼルⅢ（BISの自己資本比率規制第3版）で流動性リスク管理が強化される見込みである。このため，流動性が高い国債については，メガバンクを含み，民間銀行は一定規模を保有する可能性が高い。さらに，日銀オペで実質的に財政ファイナンスが支えられている。国債の新規発行額に相当する金額が，日銀オペで買い切りされており，財政膨張が可能になっている[3]。

4　アベノミクスと公共事業

　2012年度補正予算から2014年度当初予算まで，安倍政権（第二次）による予算編成を見る限り，経費面では防衛や農林水産とならび公共事業の増額が大きな特徴であることは誰も否定できない。安倍政権が最初に編成した，2012年度補正は13兆円超となったが，うち公共事業は，「復興・防災対策」約3.8兆円に加え，「地方の資金調達への配慮」約1.4兆円で，合計約5.2兆円と言われた。13兆円超には，基礎年金国庫負担2分の1として約2.6兆円が含まれているが，実質的に補正の半分程度を公共事業とした。12年度当初予算で計上されていた公共事業費約5兆円と合計で，公共事業費（建設国債対象経費であり，公共事業関係費より範囲は広い）は補正後に11兆円を超えた[4]。

　2013年度当初予算は約92.6兆円で前年度（民主党・野田政権）比2.5％増であっ

た。うち公共事業費は約5.6兆円で，前年度比約16％増となり，経費別伸び率としては突出していた。中央高速の笹子トンネル事故を受けて，防災・安全が中心となったが，空港や道路整備とならび，八ツ場ダムの予算もついた。狭義の公共事業関係費（一般会計の主要経費別の一経費）以外でも，農林水産予算約2.3兆円（同5.7％増）のなかに基盤整備費6,506億円（同32％増）があり，実質的には公共事業費である。他方で，生活保護費（1人あたり）や地方公務員人件費などは削減された[5]。

2013年度補正予算は約5.5兆円で，うち公共事業は1兆円超とされた[6]。しかし，補正予算の内訳を見ると，「国土強靭化，防災・減災の加速，原子力防災対策」1兆946億円の他，震災復興予算での道路整備やオリンピック予算でのインフラ整備等，公共事業として区分されるべき予算がある。広義の公共事業費は1兆2,000億円を超えていると見られる。

2014年度当初予算は約95.9兆円（前年度比3.5％増）となり，公共事業費も約6兆円（同12.9％増）となった。特別会計廃止で約6,000億円上乗せされたが，整備新幹線や空港整備などで予算が増額した。この他，防衛費が約4.9兆円（同2.8％増）と安倍首相のカラーが強まった。社会保障費は約30.5兆円（同4.8％増）となったが，焦点となった医療と診療報酬では0.1％引き上げで決着した[7]。

5　まとめに代えて

アベノミクスの財政政策で，経費面では公共事業を中心に，防衛費や農林水産など，伝統的な自民党の支持基盤へ予算がつけられてきた。2012年度補正では，公共事業が約5.2兆円となったが，2013年7月に実施された参院選を意識した可能性が高い。結果として，安倍政権は大勝し，自公政権で参院でも過半数となった。こうした国内の支持基盤重視の政策スタンスは，対外的には軋轢を生むリスクを内包している。2013年から3年間程度国政選挙はない（解散がない限り）ため，国内的には安定政権となるが，対外的問題にリスクを抱えている。対中国，韓国の対応は，株価をはじめとする金融市場にとり，潜在的

には最大のリスク要因と見られる。

注）
1) 田中秀明,『日本の財政』,中公新書,2013年,11ページ
2) 現在,介護は政治家にとって大きな利権となっている。朝日新聞,2013年10月14日付
3) 代田　純,『日本の国債・地方債と公的金融』,税務経理協会,2007年,pp2～18
4) 日本経済新聞,2013年1月11日付
5) 同,2013年1月30日付
6) 同,2013年12月13日付
7) 診療報酬は,医師の技術料部分（医師への報酬）と薬剤費部分から成る。この内訳については,一般に公表されていない。しかし,国立社会保障・人口問題研究所の『社会保障統計年報』データベースで,各健康保険別に内訳が公表されている。全国健康保険協会管掌健康保険給付決定状況によると,2010年現在,被保険者部分合計が2兆3,954億円であり,内訳として診療費が1兆6,962億円,薬剤費が3,474億円である。診療報酬の70％程度が医師の技術料となっている。小泉政権による診療報酬引き下げで医療崩壊と言われたが,他方で高額所得者の多くが医師（特に開業医）という事実もあり,検討が必要であろう。

　ただし,医療は消費税が非課税であるため,2014年4月からの消費税増税で医療機関は実質負担増（仕入れには課税）となる。

索　　引

〔欧文〕

BRICS	103
BTP	47
CAC	75
CDS	75
CDU	5
CTA	125
EBA	68, 84
ECBの適格担保	86
ECP	86
EEA	14
EFSF	41
EMS	47
ESF	111
ESM	41
EUの共通財政	15
FB	119
FFレート	1
FROB	66
HFT	137
INPS	46
MMF	4
OMT	3
OSI	78
PSI	75
QE縮小	まえがき1
R.A.マンデル	12
RWA	68
SMP	21, 50
Soffin	29
SOMA	118
SPD	5
SWF	118, 131
Target II	まえがき1, 35
TB	119
Volkswagen	25

〔あ行〕

安倍首相	127
アルゴリズム取引	125
アンダルシア	58
イールドカーブ	60
イールドスプレッド	48
一般会計繰入	114
岩田・翁論争	16
インフレ率	102
インフレ率格差	94
エージェンシー債	2
エネルギー価格	93
エリツィン	80
円キャリートレード	6, 18, 97
欧州系	131
オフショア市場	98
小渕内閣	147
オリーブの木	42
卸売物価指数	103

〔か行〕

海外投資家	61
外貨資産	116
外貨証券の満期別構成	118
外貨建て証券の評価損	123
買切りオペ	138
外国為替基準相場	116
外国為替資金証券	113
外国為替資金特別会計	109
外国為替等売買差益	116
外国銀行本支店勘定	97
価格格差	13
隠された赤字国債	117
貸倒引当金	62
カタルーニャ	55
家電製品の価格低下	104

家電製品のデジタル化	104
カハ	56
カハ・マドリッド	67
カバードボンド	3
株価収益率	128
株式ロング	141
空売り規制	136
為替平衡勘定	114
為替平衡操作	112
官僚の天下り	149
企業業績の改善	128
企業物価指数	103
キプロス・ポピュラー・バンク	82
キプロス中央銀行	82
拠出比例年金	45
ギリシャ正教	80
ギリシャ向け第一次支援	76
ギリシャ向け第二次支援	76
銀行学派	17
銀行債	62
銀行再編基金	66
銀行同盟	15
金融恐慌	21
金融収支	24
金利格差	99
繰越評価損	117
黒田総裁	122
経済格差	27
ケインズ主義	145
原発稼働停止	18
現物ポジション	134
原油等の価格動向	106
コア Tier1	84
小泉内閣	147
公共事業関係費	150
高速売買	125
公的外貨準備	111
公的金融機関	149
公的資金注入	85
コーポラティズム	39
コール・オプション	136
コール市場	98
国債の評価損	52
国債保有額圧縮	139
国債保有額の対自己資本比率	70
個人投資家	132
コロケーション	136

〔さ行〕

サーキット・ブレーカー	140
債券オプション	140
債券先物	126
債権放棄	87
歳出膨張	148
財政拡張主義	19, 145
財政責任	57
財政調整制度	29
財政ファイナンス	121
財政民主主義	113
財政連邦主義	29
最低賃金制	29
裁定取引	133
最適通貨圏の理論	12
財務官僚	148
債務削減	5
財務省	112
債務上限	12
財務省の代理人	110
債務超過	85
債務ブレーキ条項	31
先物主導	135
残存期間	121
残存期間構成	34
サンタンデール	66
3党連立政権	77
資源配分	7
資源配分機能	122
資産・負債管理	35
資産買入基金	110
資産価格	101
資産価格のプレミアム	126
資産効果	132
自治政府	まえがき2
シチリア	42

153

実効為替レート 26
実質実効為替レート 96
実質長期金利 41
実質賃金 94
実質賃金指数 まえがき3, 107
実質的な固定相場 111
ジニ係数 28
資本規制 84
資本収支 96
資本注入 85
社会保障費 150
若年層失業率 45
シャドーエコノミー 42
ジャンク債 49
州銀行 32
州財政 55
住宅ローン 65
出生率 44, 52
主要レポオペレート 2
シュレーダー 44
ショイブレ 31
証券化 65
証券会社別建玉 135
少子高齢化 102
消費者物価上昇率 まえがき2
消費税増税 107
消費税導入 146
所得代替率 45
白川総裁 120
シリア問題 14
新興国通貨 11
新興国の供給増加 102
人民元 26
信用システム 64
信用不安 21
スティープ化 60
ステークホルダー 89
ストレステスト 70
スペイン中央銀行 67
スマートフォン 105
生活保護費 150
政策金利 99

生産要素の移動性 13
政府系SWF 132
政府短期証券 120
政府保証 32
ゼロ金利政策 16
相対的購買力平価説 95
租税条約 81
その他投資収支 97
ソブリン・キャピタル・バッファー 68
ソロス・チャート 17
対外的問題 150

〔た行〕

台湾メーカー 105
多国籍企業 22
タックス・ヘイブン 131
地域利害 148
中央銀行信用 22
中央銀行の独立性 112
長期金利高騰 140
長期国債先物 142
長期レポオペ 34
徴税権 58
賃金上昇率 まえがき3
ツイストオペ 2
通貨学派 17
通貨先物 11
積立金 116
ディーニ改革 44
デフレスパイラル 78
デフレ通貨 8
デリバティブ取引 126
ドイツの対中国輸出 24
特定銘柄 133
特別会計余剰金 116
ドラギマジック 3
ドラロジエール・レポート 88
トルコのEU加盟 80

〔な行〕

内外格差 13
内外格差の調整 106

南欧国債保有 ……………………………… 9
南北格差 …………………………… 39, 42
日銀券ルール ……………………… 6, 109
日銀の単独介入 ………………………… 113
日経平均225先物 ……………………… 133
日経平均株価 …………………………… 129
日本製品の「輸入」……………………… 94
値がさ株 ………………………………… 128
値幅制限ルール ………………………… 136
「のりしろ」問題 ……………………… 120
農業補助 ………………………………… 15
野田解散宣言 …………………………… 128

〔は行〕

バーゼルⅢ ……………………………… 149
バイバック構想 ………………………… 78
橋本内閣 ………………………………… 147
バスク …………………………………… 59
破綻処理 ………………………………… 89
バッド・バンク ………………………… 87
パリバショック ………………………… 100
ハルツ改革 ……………………………… 27
バンキア ………………………………… 67
バンク・オブ・キプロス ……………… 81
バンコ・ポピュラー …………………… 71
貧困率 …………………………………… 28
ファーストリテイリング ……………… 129
ファニーメイ …………………………… 119
賦課方式 ………………………………… 40
福井総裁 ………………………………… 120
不胎化 …………………………………… 109
物価の安定 ……………………………… 100
プット・オプション …………………… 136
不動産業向け貸出 …………………… 65, 71
プライマリーバランス ………………… 40
フランコ独裁 …………………………… 56
不良債権 ………………………………… 55
フレディ・マック ……………………… 119
プログラムエラー ……………………… 137
プログラム売買 ………………………… 125
紛争地域 ………………………………… 80
ブンド …………………………………… 33

ヘアカット ……………………………… 87
平均残存期間 ……………………… 51, 121
平均残存年数 …………………………… 139
ヘッジファンド ………………… まえがき3, 125
法人税減税 ……………………………… 145
ポートフォリオ・リバランス効果 …… 126
ホームバイアス ………………………… 70
ホールセール市場 ……………………… 64
補完当座預金制度 ………………… 7, 127
北米系 …………………………………… 130
ポジション解消 ………………………… 134
ボスニア紛争 …………………………… 14
補正予算 ………………………………… 146
ボラティリティー ……………………… 10

〔ま行〕

マーフィン・ポピュラー・バンク …… 81
マドリード ……………………………… 58
マネーロンダリング …………………… 81
マネタリーベース ………………… 7, 122
マネタリズム …………………………… 17
満期償還 ………………………………… 49
マングループ …………………………… 129
ムーディーズ …………………………… 49
無担保コール翌日物 …………………… 6
メガバンク ……………………………… 138
メルケル ………………………………… 29
持高集中制 ……………………………… 114
モンティ政権 …………………………… 47

〔や行〕

優先債 …………………………………… 86
ユーロシステム ………………………… 24
預金保険 ………………………………… 88
預貸率 …………………………………… 62

〔ら行〕

ライキ・バンク ………………………… 82
リーマンショック ……………………… 100
リスクヘッジ …………………………… 142
リフレ派 ………………………………… 93
量的・質的金融緩和 …………………… 15

量的緩和政策 …………………………… 16	レポオペ ………………………………… 22
劣後債 …………………………………… 86	ロシア …………………………………… 25
レノボ …………………………………… 105	ロシア正教 ……………………………… 80
レバレッジ比率 ………………………… 136	割引国庫証券 …………………………… 137

著者紹介

代田　純（しろた　じゅん）

1957年　横浜生まれ
1989年　中央大学大学院博士課程満期在籍中退
1991年　㈶日本証券経済研究所大阪研究所研究員
1993年　ロンドン・スクール・オブ・エコノミクス（LSE）客員研究員
1994年　立命館大学国際関係学部助教授
1997年　ミュンヘン大学日本センター客員教授
1997年　博士（商学）
2000年　立命館大学国際関係学部教授
2002年　駒澤大学経済学部教授（現在に至る）

主な著書
　単著
　　『ロンドンの機関投資家と証券市場』（法律文化社，1995年）
　　『現代イギリス財政論』（勁草書房，1999年）
　　『日本の株式市場と外国人投資家』（東洋経済新報社，2002年）
　　『図説　やさしい金融財政』（丸善，2006年）
　　『新版　図説　やさしい金融財政』（丸善，2009年）
　　『ユーロと国債デフォルト危機』（税務経理協会，2012年）
　編著
　　『日本の国債・地方債と公的金融』（税務経理協会，2007年）
　　『金融危機と証券市場の再生』（同文舘出版，2010年）
　　『証券市場論』（有斐閣，2011年，共編）

著者との契約により検印省略

平成26年6月1日 初版発行

ユーロ不安とアベノミクスの限界

著　　者	代　田　　　純
発 行 者	大　坪　嘉　春
製 版 所	美研プリンティング株式会社
印 刷 所	税経印刷株式会社
製 本 所	牧製本印刷株式会社

発 行 所	東京都新宿区 下落合2丁目5番13号	株式 会社	税務経理協会

郵便番号　161-0033　振替　00190-2-187408　電話（03）3953-3301（編集部）
　　　　　　FAX（03）3565-3391　　　　　　（03）3953-3325（営業部）
URL　http://www.zeikei.co.jp/
乱丁・落丁の場合はお取替えいたします。

© 代田 純 2014　　　　　　　　　　　　　　　Printed in Japan

本書の無断複写は著作権法上の例外を除き禁じられています。複写される場合は，そのつど事前に，㈳出版者著作権管理機構（電話 03-3513-6969, FAX03-3513-6979, e-mail : info@jcopy.or.jp）の許諾を得てください。

JCOPY ＜㈳出版者著作権管理機構 委託出版物＞

ISBN978－4－419－06097－8　C3033